VEGAN ÖSTERREICH

KRISTINA UNTERWEGER
ARNOLD PÖSCHL

NEUN
ZEHN

NeunZehn Verlag

INHALT

A14
WILDAM

DIE KÖCHIN UND DER FOTOGRAF

Kristina Unterweger wurde in Lienz/Osttirol geboren und ist in Klagenfurt am Wörthersee aufgewachsen. Sie hat Psychologie und Pädagogik studiert und mehrere Jahre als Psychologin im Kinder- und Jugendbereich gearbeitet. 2011 hat sie gemeinsam mit Arnold Pöschl ihr erstes veganes Kochbuch veröffentlicht. Mittlerweile arbeitet sie als freie Autorin.

Arnold Pöschl ist freier Fotograf und hat sich auf Food- und Portraitfotografie spezialisiert. Er arbeitet für Werbeagenturen, Buchverlage und Magazine in Europa. Seine Fotos sind in zahlreichen Ausstellungen und Buchveröffentlichungen zu sehen. Arnold Pöschl lebt mit seiner Familie in Klagenfurt am Wörthersee.

DIE TRADITIONELLE KOCHKUNST ÖSTERREICHS

Die österreichische Küche hat eine lange Tradition und wurde über die Jahre durch viele Einflüsse benachbarter Länder kulinarisch bereichert. In der Zeit der k. und k. (kaiserlich und königlichen) Monarchie Österreich-Ungarn zählten das heutige Österreich, Ungarn, Tschechien, Slowakei, Slowenien, Kroatien, Bosnien und Herzegowina sowie Teile des heutigen Rumäniens, Montenegros, Polens, Italiens, Serbiens und der Ukraine zu ihrem Staatsgebiet. So haben unter anderen das Gulasch und die Palatschinken ihren Weg auf die Speisekarten gut bürgerlicher österreichischer Gasthäuser gefunden.

Wien genießt seit jeher eine besondere Stellung in Österreich. Gründe dafür gibt es viele. Dennoch wäre es falsch, die Wiener Küche als repräsentativ für die typisch österreichische Küche anzusehen. Auch in den übrigen Bundesländern findet man viele Schmankerln, die weit über die Grenzen hinaus bekannt sind. Obwohl Österreich heute nur mehr ein sehr kleines Land ist, gibt es dennoch regionale Unterschiede, was das Essen betrifft. So findet man viele verschiedene Variationen von Gerichten, was sich nicht nur in den unterschiedlichen Namen bemerkbar macht, sondern auch in speziellen Zutaten oder Zubereitungsarten. Ein schönes Beispiel dafür sind die gefüllten Teigtaschen, die in Kärnten als Kasnudeln bezeichnet werden und in Tirol als Schlipfkrapfen und sich sowohl geschmacklich als auch optisch deutlich voneinander unterscheiden. Ein Gewürz oder eine besondere Form genügen manchmal, um der Spezialität das besondere, bundesland-typische Etwas zu verleihen. Großen Einfluss auf die Gerichte haben auch die regionalen Schwerpunkte des Gemüse- und Obstanbaus genommen. Das Steirische Kürbiskernöl, die Wachauer Marillen, der Marchfelder Spargel und der Grüne Veltliner aus Niederösterreich sind nur einige Anbauprodukte, die zu wohl schmeckenden Gerichten verarbeitet werden. Hausmannskost und Brettljausen werden in den Wiener Weinlokalen, den sogenannten Heurigen, und in den ländlichen Regionen in sogenannten Buschenschänken gerne zum Wein oder Most serviert.

Neben den pikanten Gerichten lieben die Österreicher auch ihre Süßspeisen - und zwar nicht nur zum Nachtisch. Germknödel, Marillenknödel und Kaiserschmarrn mit selbstgemachtem Kompott oder einer köstlichen Vanillesoße können eine Mittagspause durchaus versüßen. Und wenn man sich auf eine Melange oder einen Verlängerten in einem der zahlreichen Kaffeehäuser trifft, dann kann man oft nur schwer den herrlichen Mehlspeisen widerstehen – allen voran der weltberühmten Sachertorte mit Schlagobers.

Aber nicht nur in Gasthäusern oder Kaffeehäusern kommt man in den Genuss österreichischer Spezialitäten, auch in vielen Haushalten wird noch gerne traditionell gekocht. Ich hatte das Glück, dass ich mit meiner Mama und meinen Omas immer gemeinsam kochen durfte, von klein auf. Ein rot kariertes Geschirrtuch als Schürze um die Mitte gebunden, auf einen Hocker gestellt und schon ging es los. Wir haben gemeinsam Marmelade aus selbst gepflückten Himbeeren und Schwarzbeeren eingekocht, Schlipfkrapfen gemacht, Hollersekt angesetzt und Kekse gebacken. Ich durfte selbst schneiden, kneten, ausrollen, füllen, umrühren und natürlich naschen. Und sie haben mich immer spüren lassen, dass sie mich ernst nehmen. Es war ein wunderbares Gefühl und ich spüre es auch heute noch, wenn ich etwas Neues in der Küche ausprobiere. Meine beiden Omas sind mittlerweile über 90 Jahre alt und sie kochen immer noch. Meine Mama ist nun selbst Oma und gibt ihr Kochwissen an meine Nichten weiter. So werden diese köstlichen Gerichte und die Freude am Kochen an die nächsten Generationen weitergegeben und gepflegt. Mit diesem Kochbuch versuche ich nun, meinen Teil dazu beizutragen.

Ich wünsche allen gutes Gelingen und viel Freude!

MUNDARTWÖRTERBUCH

ÖSTERREICHISCH	DEUTSCH
A	
Arbeitsbrett	Arbeitsfläche, Schneidebrett
B	
Backrohr	Backofen
Blattln	sehr dünnes Fladenbrot
Brösel	Paniermehl
Buchteln	Hefegebäck
E	
Eierschwammerln	Pfifferlinge
Erdäpfel	Kartoffeln
F	
Faschiertes	Hackfleisch
faschieren	fein hacken
Fleckerln	quadratische keine Nudeln
Fritatten	nudelig geschnittene Pfannkuchen
G	
Germ	Hefe
H	
Holler	Holunder
Hollersulze	eingekochte Holunderbeeren
I	
Ischler Krapferln	Ischler Plätzchen
K	
Käferbohnen	Feuerbohnen
Käsnudel	gefüllte Teigtasche
klare Suppe	Gemüsebrühe
Krapfen	in Öl gebackenes Hefegebäck
Kren	Meerrettich
L	
Laberl	Laibchen, Boulette
M	
Marille	Aprikose
Marillenröster	gedünstete Aprikosen
Maroni	Edelkastanie
Mineralwasser	Sprudelwasser
N	
Nockerln, Nocken	Klößchen, Klöße
P	
Palatschinken	Pfannkuchen
Panier	Panade
Polenta	Maisgrießbrei
Porree	Lauch
Powidl	eingekochtes Pflaumenmus

R

Radln	runde Plätzchen
Reindling	Napfkuchen aus gefülltem Hefeteig
Ritschert	Eintopf
Rohnen	Rote Bete
Rotkraut	Rotkohl

S

Schlipfkrapfen	gefüllte Teigtaschen
Schneerute	Schneebesen
Schüttelbrot	sehr dünnes, haltbares Brot
Schwammerl	Pilz
Schwarzbeeren	Blaubeeren
Semmel	Brötchen
Semmelbrösel	Paniermehl
Spatzln	Spätzle
Staubzucker	Puderzucker
Sterz	Maisgrießbrei
Strankerln	grüne Bohnen
Strauben	frittiertes Gebäck aus Rührteig
Sulze, Sülzchen	Gemüse oder Obst in Gelee

T

Topfen	Quark

V

Versprudeln	Verquirlen
Vogerlsalat	Rapunzelsalat

W

Weißkraut	Weißkohl
Wutzel	mit der Hand geformte Nudel

Z

Zwetschgen	Pflaumen
Zwetschgenröster	gedünstete Pflaumen
Zwetschgenfleck	Blechkuchen mit Pflaumen

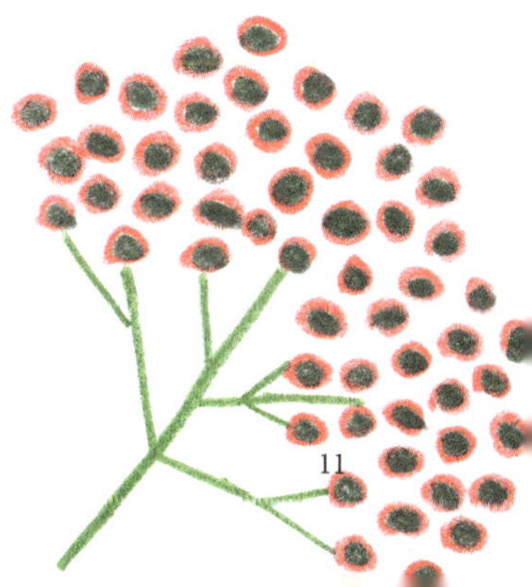

REZEPTTEIL

Alle Rezepte sind für 4 Personen ausgelegt.
Ausnahmen sind mit entsprechenden Angaben versehen.

BASICS

SEMMEL

WEIZENBRÖTCHEN

Die Semmel ist ein Weizenbrötchen und wird auch Kaisersemmel genannt. Gerne wird sie zum Frühstück mit Marmelade gegessen oder zu einem Gulasch.

DAUER: 30 Minuten
+ Ruhe- und Backzeit
ca. 8 Stück

500 g Weizenmehl
1 TL Salz
1 Prise Zucker
1 Pckg. Trockenhefe
350 ml Pflanzendrink, lauwarm

1. Das Mehl mit Salz und Zucker in eine Schüssel sieben. Die Hefe darüber streuen und mit dem Pflanzendrink zu einem Teig verkneten. Mit den Knethaken des Handrührgerätes (Küchenmaschine) den Teig bearbeiten, bis er sich trocken anfühlt und sich vom Schüsselrand löst. Mit einem sauberen Küchentuch zudecken und an einem warmen Ort 30 Minuten gehen lassen.
2. Den Teig durchkneten und in ca. 75 g schwere Stücke teilen. Daraus runde Brötchen formen und diese kreuzweise mit einem Messer tief einschneiden.
3. Auf ein mit Backpapier belegtes Backblech geben, zudecken und nochmals 20 Minuten gehen lassen.
4. Den Backofen auf 200° C Ober- Unterhitze vorheizen. Die Brötchen mit Wasser bepinseln und auf der 2. Schiene von unten 25-30 Minuten backen.

SALZSTANGERL

Das Salzstangerl ist neben der Semmel gern gesehener Bestandteil des Brotkörberls.

DAUER: 30 Minuten
+ Ruhe- u. Backzeit
ca. 8 Stück

500 g Weizen- oder Dinkelmehl
1 Pckg. Trockenhefe
1 TL Salz
7 g Zucker
250 ml Wasser, lauwarm
2 EL grobes Salz
Mehl für Arbeitsbrett

1. Die festen Zutaten in eine Schüssel sieben und mit dem Wasser zu einem Teig verkneten. Den Teig mit den Knethaken des Handrührgerätes (Küchenmaschine) 15 Minuten kneten. Mit einem Tuch bedecken und 30 Minuten an einem warmen Ort gehen lassen.
2. Das Arbeitsbrett gut bemehlen und den Teig fingerdick ausrollen. Die Teigplatte in Quadrate (ca. 15 × 15 cm) schneiden und jedes Quadrat mit dem Handballen von einer Ecke zu einem „Stangerl" rollen. Das Stangerl an der Oberfläche 3 Mal mit einem Messer quer einschneiden. Mit lauwarmem Wasser bepinseln und mit grobem Salz bestreuen.
3. Das Backblech mit Backpapier auslegen, die Stangerln darauf setzen, mit einem Tuch bedecken und nochmals 30 Minuten gehen lassen. Den Backofen auf 200° C Ober- Unterhitze vorheizen. Die Salzstangerln auf der mittleren Schiene ca. 20 Minuten goldgelb backen.

TIPP: Das Mehl sollte eine feine Körnung haben (in Österreich Type 700, in Deutschland Type 550), dadurch wird der Teig elastischer.

BAUERNBROT

Roggenteig wird erst durch die Beimengung von Sauerteig backfähig. Er lockert den Teig und lässt das Brot leichter verdaulich, haltbarer und aromatischer werden.

DAUER: 30 Minuten
+ Ruhe- u. Backzeit

700 g Roggenmehl
1 Pckg. Trockenhefe
3 TL Salz, gehäuft
1 TL Kümmel, ganz
1 TL Anis, ganz
1/2 TL Koriander, gemahlen
200 g Sauerteig
ca. 600 ml Wasser, lauwarm
ca. 200 g Weizenmehl zum Kneten
Mehl für Arbeitsfläche

1. Das Mehl mit der Hefe und dem Salz in eine große Schüssel sieben. Kümmel, Anis und Koriander untermischen. Den Sauerteig mit 100 ml Wasser verrühren und zum Mehl geben. Danach langsam das restliche Wasser untermengen und alles miteinander verkneten.
2. Die Arbeitsfläche mit Weizenmehl bestreuen und den Teig darauf legen. Diesen kneten und dabei nach und nach das Weizenmehl einkneten. Der Teig sollte sich elastisch und glatt anfühlen, wenn er fertig geknetet ist.
3. In eine bemehlte Schüssel legen, zudecken und an einem warmen Ort 2 Stunden gehen lassen. Anschließend nochmals gut durchkneten und einen Laib formen.
4. Ein Backblech mit Backpapier auslegen und den Teiglaib darauf setzen. Zudecken und nochmals 1 Stunde gehen lassen.
5. Den Backofen auf 220° C Ober-Unterhitze vorheizen. Den Teiglaib mit Wasser bestreichen, kreuzweise einschneiden und auf der 2. Schiene von unten ca. 60 Minuten backen. Während des Backens immer wieder die Oberfläche mit Wasser bepinseln (etwa 3-4 Mal). Auf einem Gitterrost auskühlen lassen.

SCHÜTTELBROT

Schüttelbrot ist ein sehr zartes, knuspriges Fladenbrot, das sehr lange haltbar ist. Es wurde vor allem in den Almhütten Tirols von den Sennern gegessen, die über die langen Sommermonate nur schwer zu frischem Brot kamen.

DAUER: 30 Minuten
+ Backzeit
ca. 3-4 Stück

200 g Mehl (Weizen-, Dinkel- oder Roggenmehl)
100 ml Wasser
80 ml Bier
1 TL Salz
1 EL Kümmel, ganz
1 EL Rosmarin, getrocknet
(optional Koriander oder Schatzigerklee)
1 TL grobes Salz
Mehl für Arbeitsbrett

1. Das Mehl mit Wasser, Bier und 1 TL Salz zu einem glatten Teil verkneten.

2. Auf einer bemehlten Arbeitsfläche 3-4 sehr dünne Kreise (1-2 mm) ausrollen.

3. Zwei Backbleche mit Backpapier auslegen und den Backofen auf 200°C Umluft vorheizen.

4. Die Brote (Blattln) mit dem Rosmarin, Kümmel und grobem Salz bestreuen.

5. Die Bleche können bei Umluft gleichzeitig in den Backofen geschoben werden. Wenn die Blattln eine schöne hellbraune Farbe angenommen haben, sind sie gebacken.

BIERBRÖTCHEN

Ein sehr einfaches Rezept aus der Steiermark, ganz ohne Kneten!

DAUER: 15 Minuten
+ Backzeit
Ca. 25 Stück oder 1 großes
Kastenbrot

400 g Roggenvollmehl
400 g Dinkelvollmehl
1 Pckg. Weinsteinbackpulver
2 TL Salz
1 Flasche Bier
300 ml Wasser
3 EL Kürbiskerne

1. Die Mehle, das Backpulver, das Salz und die Kürbiskerne mischen.
2. Das Wasser und Bier beifügen und alles mit einem Rührlöffel gut vermengen.
3. Mit einem Esslöffel portionsweise 25 Brötchen abstechen und diese auf ein mit Backpapier belegtes Backblech geben.
4. Im vorgeheizten Backofen bei 200° C Ober- Unterhitze auf mittlerer Schiene ca. 20-25 Minuten backen.

TIPP: Nimmt man lieber eine Kastenform, dann muss man diese zuvor einfetten und mit Mehl bestäuben. Die Backzeit beträgt bei 200°C Ober- Unterhitze ca. 60-70 Minuten auf der 2. Schiene von unten.

MARILLENMARMELADE
APRIKOSENKONFITÜRE

Der Name „Marille" für Aprikosen ist zum ersten Mal um das Jahr 1509 in der Wachau dokumentiert. Die Wachauer Marille ist mit Abstand die bekannteste Marillensorte Österreichs. Für diese Marmelade eignen sich aber alle Sorten.

DAUER: 30 Minuten
ca. 3 Gläser (à 450g)

1 kg Marillen, entsteint
1/2 kg Zucker
1 Pckg. Gelierfix 2:1

1. Die Marillen waschen, entsteinen und klein schneiden. Mit dem Zucker und dem Gelierfix gut vermischen. Unter Rühren aufkochen lassen, die Hitze zurückschalten und weiter köcheln lassen. Immer wieder durchrühren, da die Marmelade leicht anbrennt.
2. Nach 10 Minuten die Gelierprobe machen. Dafür einen halben Teelöffel Marmelade auf einen kalten Porzellanteller tropfen. Wenn die Marmelade geliert, ist sie fertig. Sonst noch weitere 5 Minuten köcheln lassen.
3. Gläser samt Deckel heiß ausspülen, die heiße Marmelade einfüllen, die Gläser fest verschließen und für 10 Minuten auf den Kopf stellen.

TIPP: Natürlich kann man auch andere Obstsorten für dieses Rezept verwenden und diverse mischen.

POWIDL
PFLAUMENMUS

Der Powidl wird aus Zwetschgen (Pflaumen) gemacht und in der österreichischen und böhmischen Küche verwendet. Er eignet sich besonders zum Füllen von Germknödeln und Buchteln.

DAUER: 30 Minuten
+ Kochzeit
ca. 4 Gläser (à 450 g)

2 kg Zwetschgen, sehr reif
500 g Zucker
1 EL Zitronenschale
1 TL Zimt
4 EL Rum

1. Die Zwetschgen waschen, entsteinen und klein schneiden. Mit dem Zucker, der Zitronenschale und dem Zimt gut verrühren und in einem weiten, großen Topf zum Kochen bringen. Die Hitze zurückschalten und unter häufigem Umrühren ca. 1 Stunde köcheln lassen. Mit dem Stabmixer pürieren. Den Backofen auf 130° C Umluft vorheizen.

2. Dass Zwetschgenmus in eine große, flache Auflaufform füllen und auf mittlerer Schiene (Rost) ca. 5-6 Stunde einkochen. Immer wieder durchrühren. Das Mus muss glatt und beinahe schnittfest sein.

3. Gut ausgespülte, heiße Gläser damit befüllen, etwas Rum darüber träufeln und mit ausgekochten (ca. 5 Min.) Deckeln verschließen.

HOLLERSULZE
HOLUNDERGELEE

Das Wort „Sulze“ wird hier für sehr feste Marmelade verwendet. Bei der Hollersulze kommen die schwarzen Fruchtstände (Holunderbeeren) in den Kochtopf.

DAUER: 30 Minuten
ca. 2-3 Gläser (à 450 g)

2 kg schwarze Holunderbeeren
Ca. 500 bis 700 g Zucker

1. Die reifen, schwarzen Holunderbeeren von den Stängeln rebeln und in einen hohen Topf geben.
2. Diese mit dem Stabmixer pürieren. Das Püree durch ein Leinentuch in einen zweiten Topf pressen, den Saft langsam erhitzen und einige Stunden bei kleiner Hitze köcheln lassen. Ständiges Rühren ist wichtig, damit die Sulze nicht am Kochtopfboden anbrennt.
3. Wenn der Saft beginnt einzudicken (zu sulzen), wird die gleiche Menge Zucker (wie Sulze) untergerührt und noch 10 Minuten unter ständigem Rühren weitergekocht
4. Die Sulze in saubere Gläser füllen und gut verschließen. Kühl aufbewahren!

TIPP: Ein Löffel Hollersulze tut auch bei Halsschmerzen und Verkühlungen gut!

KLARE SUPPE ALTWIENER ART
GEMÜSEBRÜHE

Diese Suppe schmeckt ausgezeichnet mit unterschiedlichsten Einlagen, wird aber auch hin und wieder in anderen Rezepten benötigt. Sie lässt sich sehr gut einfrieren.

DAUER: 10 Minuten + Kochzeit

1 ¼ l Wasser
3 mittelgroße Karotten
½ Stange Lauch
1 Petersilienwurzel
1 mittelgroße Zwiebel
1/8 Selleriewurzel
Salz

1. Das Gemüse gründlich waschen, putzen und mit dem Wasser kalt zustellen.
2. Aufkochen lassen und ca. 30 Minuten leicht köcheln lassen.
3. Die Brühe abseihen und mit Salz nach Geschmack würzen.

TIPP: Lässt man die Suppe durch längeres Köcheln reduzieren, werden die Portionen zum Einfrieren kleiner. Man kann sie bei Verwendung jederzeit mit Wasser verlängern.

VORSPEISEN

POLENTA-KARTOFFELTÖRTCHEN MIT GURKENSALAT
MAISGRIESS-KARTOFFELTÖRTCHEN MIT GURKENSALAT

Polenta nennt sich ein aus Maisgrieß hergestellter, meist fester Brei. In der Kärntner Küche heißt er „Plentn", in Tirol und Salzburg „Plente".

DAUER: 30 Minuten
+ Ruhe- und Backzeit
10 Muffinförmchen Ø 4,5 cm

100 g Kartoffeln
100 g Polentagrieß, fein gemahlen
50 g Vollweizenmehl, fein gemahlen
1/2 TL Salz
4 g Trockenhefe
1 Prise Muskatnuss, gemahlen
1/2 TL Bohnenkraut, getrocknet
100 ml Wasser, lauwarm
20 ml Olivenöl

2 kleine Salatgurken
250 ml Sojajoghurt
50 ml Olivenöl
25 ml Zitronensaft
4 Knoblauchzehen
Salz
Pfeffer
einige Majoranblättchen
Dill
Minze

1. Die Kartoffeln ungeschält in leicht gesalzenem Wasser kochen. Pellen und mit einer Gabel zerdrücken. Das Polentamehl und Mehl mit Salz, Hefe, Muskat und Bohnenkraut vermischen. Mit Wasser, Kartoffeln und Öl zu einem Teig verkneten. Zugedeckt an einem warmen Ort 2 Stunden ruhen lassen. Nochmals auf einer gut bemehlten Arbeitsfläche durchkneten und eine weitere Stunde gehen lassen.
2. Den Backofen auf 180° C Ober- Unterhitze vorheizen. Die Muffinförmchen mit Öl ausstreichen und bemehlen. Mit einem Löffel den Teig zu 3/4 einfüllen und auf mittlerer Schiene etwa 20 Minuten backen.
3. Mit einem Sparschäler von den Gurken dünne Scheibchen abziehen. Auf Tellern mit den Törtchen anrichten .
4. Den Joghurt mit dem Olivenöl, Zitronensaft, gehacktem Knoblauch, Salz und Pfeffer verrühren. Über die Gurken träufeln und mit Majoranblättchen, Dill und Minze garnieren.

SELLERIE-KAROTTEN-SALAT MIT KARRTOFFELCHIPS

DAUER: 30 Minuten

300 g Sellerieknolle
300 g Karotten
2 EL Ingwer, frisch
1 Stangensellerie
10 Erdbeeren
1 EL Agavensirup (oder 1 EL brauner Zucker)
120 ml Zitronensaft
2 EL Öl (Rapsöl oder Erdnussöl)

2 Kartoffeln
1 TL Salz
2 EL Olivenöl
8 Stängel Pfefferminze

1. Sellerieknolle, Karotten und den Ingwer schälen. Die Sellerieknolle grob raspeln, die Karotten in feine Stäbchen schneiden und den Ingwer reiben. Den Stangensellerie in Ringe schneiden und die Erdbeeren vierteln.
2. Den Sirup (oder Zucker) mit dem Zitronensaft und 2 EL Öl gut verrühren und über das Gemüse und die Erdbeeren gießen. Ca. 15 Minuten marinieren.
3. Die Kartoffeln gut waschen, längs in 1 mm dünne Scheiben schneiden.
4. Die Kartoffelscheiben auf ein mit Backpapier ausgelegtes Backblech legen, dünn mit Öl bepinseln und im vorgeheizten Backofen bei 220° C goldbraun backen. Etwas salzen.
5. Den Salat mit der Pfefferminze auf Tellern anrichten und mit den Kartoffelchips servieren.

TIPP: Die Kartoffelscheiben kann man auch in sehr heißem Öl frittieren.

SPARGEL MIT ZITRONENSOSSE UND RÖSTI

Spargel wird zu den Edelgemüsesorten gezählt und hat von Mai bis Juni Saison.

DAUER: 45 Minuten

500 g weißer Spargel
1 TL Salz
1/2 TL Zucker
1 Zitrone
Wasser

40 g hochwertige Margarine
25 g Mehl
200 ml Sojadrink
1 unbehandelte Zitrone, Saft und Schale
1 Orange, Saft
75 ml Weißwein
Zucker
Salz
weißer Pfeffer

8 Kartoffeln, festkochend
Rapsöl zum Frittieren

1. Den Spargel schälen und die faserigen Enden abschneiden. In einem hohen Topf Wasser mit Salz und Zucker erhitzen und die in Scheiben geschnittene Zitrone dazugeben. Den Spargel ca. 20 Minuten darin köcheln lassen, bis er sich leicht über eine Gabel beugt.

2. Den Spargel kalt abbrausen, dann im Backofen warm halten.

3. Für die Zitronensoße eine dicke Bechamel zubereiten. Dafür die Margarine in einem Topf erhitzen, das Mehl darin unter Rühren hell anschwitzen und mit dem kalten Sojadrink langsam aufgießen. Unter Rühren gut durchkochen lassen (Vorsicht, sie brennt schnell an!).

4. Zitronensaft, Schale, Orangensaft und Wein einrühren und mit Zucker, Salz und Pfeffer abschmecken.

5. Für die Rösti die Kartoffeln schälen und sie mit dem Julienneschäler (Asia-Shop) in Streifen schneiden. Das Rapsöl in einer Bratpfanne erhitzen und die Kartoffelrösti portionsweise darin frittieren. Auf Küchenkrepp abtropfen lassen.

6. Den Spargel mit der Zitronensoße und den Rösti anrichten und servieren.

TIPP: Geschälter Spargel kann sehr gut eingefroren werden und bis zu einem halben Jahr später ohne Qualitätsverlust genossen werden.

DREIMAL SUPPE

Klare Suppen mit Einlagen findet man auf allen Speisekarten gut bürgerlicher, österreichischer Restaurants. Gerne werden sie zusätzlich auch noch mit feinen Schnittlauchröllchen garniert.

FRITTATENSUPPE

Frittaten sind in Streifen geschnittene Palatschinken (Pfannkuchen) und eine klassische Suppeneinlage der Wiener Küche.

DAUER: 30 Min.

1 l klare Suppe (siehe S. 34)
200 ml Pflanzendrink
1/2 TL Salz
1 Msp. Backpulver
100 g Weizenmehl
1 EL Kichererbsenmehl
1 EL Schnittlauch oder Petersilie, optional
3-4 EL Öl zum Backen

1. Den Pflanzendrink mit Salz, Backpulver, Mehl und Kichererbsenmehl gut versprudeln. Nach Belieben gehackten Schnittlauch und (oder) Petersilie unterrühren. 10 Minuten quellen lassen.
2. 1 EL Öl in einer beschichteten Bratpfanne sehr heiß werden lassen. Einen kleinen Schöpfer Teig eingießen, auf dem Boden durch Schwenken der Pfanne gleichmäßig verteilen und auf beiden Seiten goldgelb backen. Auf einen vorbereiteten Teller gleiten lassen. Mit dem restlichen Teig ebenso verfahren.
3. Die Palatschinken einrollen und mit einem scharfen Messer 3-4 mm dick schneiden.
4. Die Fritatten in die Suppenteller geben und mit der vorbereiteten, heißen Suppe aufgießen.

TIPP: Zum Wenden die Palatschinken am besten mit einem Pfannenwender oder einer Gummispatel seitlich von der Pfanne lösen, die Pfanne anheben und mit einer ruckartigen Bewegung nach Vorne den Teig umdrehen. Sollte das nicht ganz funktionieren, einfach mit der Spatel etwas nachhelfen.

GRIESSNOCKERLSUPPE

Die zarten, flaumigen Grießnockerln verfeinern jede klare Suppe.

DAUER: 20 Minuten

1 l klare Suppe (siehe S. 34)
40 g hochwertige Margarine

1. Die weiche Margarine mit den restlichen Zutaten zu einem eher festen Teig verkneten. Diesen 10 Minuten ruhen lassen.
2. Das Wasser mit dem Salz aufkochen lassen. Die Hitze zurückschalten. Mit einem nassen Teelöffel kleine Nockerln aus dem Teig stechen, etwas mit

8 EL Weizengrieß
2 TL Kichererbsenmehl
2 TL Maisstärke
2 EL Mineralwasser
2 EL Pflanzensahne
1/2 TL Salz
1 TL Salz für Kochwasser

feuchten Fingern nachformen und im Wasser ziehen lassen, bis sie an die Oberfläche steigen (ca. 10 Min.)

3. In die vorbereitete Suppe geben.

BACKERBSENSUPPE

Das Wort „Erbsen" erinnert nur an die Größe von Gemüseerbsen. Die Backerbsen bestehen aus einem Teig, der in Öl frittiert wird.

DAUER: 20 Minuten

1 l klare Suppe (siehe S. 34)
150 ml Pflanzendrink
120 g Weizenmehl
1 EL Kichererbsenmehl
1/2 TL Salz
1/2 TL Backpulver
Frittieröl

1. Den Pflanzendrink mit den restlichen Zutaten verquirlen und 15 Minuten quellen lassen.

2. Das Frittieröl in einer Bratpfanne erhitzen und den Teig mit einem kleinen Löffel eintropfen. Wenn diese goldgelb werden, mit einer Schöpfkelle herausheben und auf Küchenkrepp entfetten.

3. Die heiße Suppe in Suppenteller gießen und die Backerbsen erst kurz vor dem Servieren hineingeben (oder in einem extra Schüsselchen auf den Tisch stellen). Wenn diese noch knackig sind, schmecken sie am besten.

KÄRNTNER RITSCHERT
GERSTENEINTOPF

Das Ritschert ist ein gehaltvoller Eintopf und wird in Österreich, besonders in Kärnten, gerne gegessen.

DAUER: 2 Stunden

260 g Rollgerste
250 g Wachtelbohnen, getrocknet
5 Lorbeerblätter
3 l Wasser
2 EL Öl
100 g Karotten
60 g Petersilienwurzel
100 g Lauch
120 g Selleriewurzel
1 Zwiebel
2 Sellerieblätter
4 Knoblauchzehen
125 ml Pflanzendrink
Salz
Pfeffer

1. Die Rollgerste, Bohnen und Lorbeerblätter in kaltem Wasser in einem großen Topf zustellen. Alles aufkochen lassen und so lange bei mittlerer Hitze köcheln, bis die Bohnen bissfest sind.

2. Das Öl in einer Bratpfanne erhitzen und die würfelig geschnittenen Karotten, Petersilie, Lauch, Sellerie und Zwiebel darin goldgelb rösten.

3. Das geröstete Gemüse mit den Sellerieblättern zur Gerste geben und gut durchrühren. Weitere 10 Minuten köcheln lassen, dann die gehackten Knoblauchzehen einrühren. Mit dem Pflanzendrink die Suppe verfeinern, mit Salz und Pfeffer würzig abschmecken. Die Suppe sollte schon eine recht dicke Konsistenz haben. Wenn sie zu dickflüssig ist, mit etwas Wasser verlängern.

KÜRBISSÜLZCHEN MIT STEIRISCHEM KRAUTSALAT

Kürbisse sind alte Kulturpflanzen. Funde von Samen lassen darauf schließen, dass es Kürbisse schon vor 5.000 bis 10.000 Jahren gegeben hat.

DAUER: 45 Minuten
+ Kühlzeit
Pastetenform: 15 × 8 cm

300 ml klare Suppe (siehe S. 34)
600 g Hokkaido- oder Butternusskürbis
2 EL Olivenöl
1 TL Zucker
1 TL Salz
10 g Agar-Agar

100 ml Weißwein
1 kleines Weißkraut
3 EL Essig
5 EL Kürbiskernöl
1 TL Kümmel
Salz
Pfeffer

1. Eine helle, klare Suppe nach Rezept zubereiten (die Farbe der Brühe richtet sich nach den Gemüsesorten).
2. Den Backofen auf 200° C vorheizen, den Kürbis schälen, halbieren, Stroh und Kerne entfernen und in ca. 3 mm breite Streifen schneiden.
3. Die Kürbisstreifen auf ein mit Backpapier ausgelegtes Backblech legen, mit Olivenöl bestreichen und mit Zucker und Salz bestreuen. Für 15 Minuten in den Backofen schieben. Auskühlen lassen.
4. 100 ml Gemüsebrühe in eine kleine Schüssel gießen. Mit Agar-Agar gut verrühren und 5 Minuten quellen lassen.
5. Die restliche 200 ml Brühe mit dem Wein vermengen und zum Kochen bringen. Das Agar-Agar-Gemisch einrühren und unter Rühren 5 Minuten köcheln lassen. Das Sülzchen vom Herd nehmen, dabei immer wieder gut durchrühren.
6. Eine Pastetenform (Kastenform) mit Klarsichtfolie auskleiden. Das Sülzchen ca. 0,5 cm hoch einfüllen. Etwas auskühlen lassen, Kürbisstreifen darauf legen, dabei an allen Seiten auf gerade Kanten achten. 1 cm hoch Sulze eingießen, etwas anziehen lassen und Kürbissstreifen darauflegen. Den Vorgang wiederholen, bis die Kastenform gefüllt ist. Mit Folie abdecken und 2-3 Stunden in den Kühlschrank stellen.
7. Für den Krautsalat das Kraut halbieren und den Strunk keilförmig herausschneiden. Die Blätter waschen, aufrollen und fein schneiden. Aus den restlichen Zutaten eine Marinade zubereiten und mit dem Kraut vermengen.
8. Die Sulze auf einen Teller stürzen und in Scheiben schneiden. Zusammen mit dem Salat anrichten.

TIPP: Sollte das Sülzchen im Topf während des Einschlichtens zu stark gelieren, einfach nochmals erwärmen.

SPARGELNOCKERLN AUF ERBSENMUS

Von Mitte April bis Mitte Juni wird im Marchfeld (Niederösterreich) auf Spargelfesten diese Köstlichkeit zelebriert. Die leichten, sandigen Böden der Region sollen Gemüse den unvergleichlichen Geschmack geben.

DAUER: 30 Minuten
+ Kühlzeit

150 g Sojajoghurt
150 g weißer Spargel
1 Spritzer Zitronensaft
1 TL Agar-Agar
50 ml Sojasahne
1 TL Sahnesteif
1/2 TL Zucker
1 Prise Muskatnuss gemahlen
weißer Pfeffer
Salz

2 Frühlingszwiebeln
1 TL Öl
150 g Erbsen, tiefgefroren
1 Prise Muskatnuss, gerieben
1 TL Dill, gehackt
weißer Pfeffer
Salz

1. Den Joghurt in einem Filter (in ein Sieb gestellt) abtropfen lassen. Es sollte 70 g festen Joghurt ergeben.

2. Den Spargel schälen, in Stücke schneiden und im Wasser bissfest garen. Abseihen, pürieren und mit Zitronensaft vermengen.

3. Agar-Agar in 100 ml Wasser gut auflösen und 5 Minuten köcheln lassen. Gut mit dem Spargelpüree und dem Joghurt verrühren. Die Sahne mit Sahnesteif cremig aufschlagen und mit Zucker, Muskat, Pfeffer und Salz unter das Spargelpüree rühren. In eine flache Schüssel füllen und im Kühlschrank fest werden lassen.

4. Für das Erbsenpüree die Frühlingszwiebeln fein schneiden und in Öl anschwitzen. Die Erbsen in einen Topf mit kochendem Wasser schütten. 2-3 Minuten köcheln lassen und in ein Sieb gießen. Kalt abschrecken, so behalten sie ihre leuchtend grüne Farbe. Die Frühlingszwiebeln mit den Gewürzen und den Erbsen in ein hohes Gefäß geben und pürieren.

5. Aus dem Spargelpüree mit einem kleinen Löffel Nockerln ausstechen und diese mit dem Erbsenpüree anrichten.

HÜTTENRÖSTBROT MIT FENCHELSALAT

DAUER: 30 Minuten
+ Backzeit
2 Kastenformen (15 × 8 cm)

300 g Dinkelvollkornmehl, fein gemahlen
7 g Backpulver
1/2 TL Salz
10 g Leinsamen, gemahlen in 100 ml Wasser
150 ml Rapsöl
60 g Walnüsse, gehackt
80 g Äpfel
80 g Karotten
80 g Fenchelknollen
etwas Öl und Mehl für die Kastenform

2 kleinere Fenchelknollen
1 Apfel, säuerlich
200 g Sojajoghurt
2 EL Olivenöl
1 Zitrone, Saft
1 Prise Zucker
Salz
Pfeffer

1. Den Backofen auf 180° C Ober- Unterhitze vorheizen. 2 Kastenformen (15 × 8 cm) oder 1 große Form ausfetten und bemehlen.
2. Mehl mit Backpulver und Salz versieben. Leinsamen in Wasser ca. 5 Minuten quellen lassen, dann mit Rapsöl verrühren.
3. Die Walnüsse hacken. Den Apfel, die Karotten und den Fenchel grob raspeln. Alle Zutaten miteinander vermischen und in die Form(en) füllen. Im Backofen auf mittlerer Schiene ca. 40 Minuten backen. Aus dem Ofen nehmen, auskühlen lassen und aus der Form stürzen. In knapp 1 cm breite Scheiben schneiden und knusprig toasten (Backofen oder Toaster).
4. Den Fenchel der Länge nach in dünne Scheiben schneiden, die Äpfel halbieren, das Kerngehäuse entfernen und ebenfalls in Scheiben teilen.
5. Aus dem Joghurt, Olivenöl, Zitronensaft, Zucker, Salz und Pfeffer ein Dressing zubereiten. Mit einem Löffel über den angerichteten Apfel-Fenchelsalat träufeln. Eventuell mit Kräutern oder fein geschnittenem Fenchelgrün garnieren und mit den Brotscheiben anrichten.

TIPP: Frischen Fenchel erkennt man am frischen, grünen Blattrand und er hält zwei bis drei Tage ohne Qualitätsverlust im Kühlschrank.

BROTAUFSTRICHE

LIPTAUER

Dieser Aufstrich stammt aus der slowakischen (Region Liptau) und österreichischen Küche und wird gerne in österreichischen Weinlokalen, den „Heurigen", zum Wein angeboten.

DAUER: 15 Minuten

1 l Sojadrink
4 TL Zitronensaft
80 g hochwertige Margarine
1 TL Kümmel, ganz
1 TL Kümmel, gemahlen
4 TL Paprikapulver, edelsüß
3 Knoblauchzehen, gerieben
Salz
Pfeffer

1. Den Sojadrink mit dem Zitronensaft verrühren und aufkochen. Wenn der Sojadrink ausflockt, vom Herd nehmen. Ein Baumwolltuch in ein Sieb legen und den geronnenen Sojadrink eingießen. Etwas auskühlen lassen, dann die Enden des Tuches zusammennehmen und die entstandene, quarkähnliche Masse (österr. „Topfen") gut auspressen.
2. Die kalte Margarine schaumig rühren, den ausgekühlten Topfen dazumischen und mit den übrigen Zutaten gut vermengen. Kühl stellen.

BOHNENAUFSTRICH

Bohnenkraut und Thymian passen hervorragend zu Bohnen und helfen, auch „schwere" Speisen leichter zu verdauen.

DAUER: 15 Minuten

200 g weiße Bohnen, abgetropft (Dose)
1 TL Bohnenkraut, getrocknet
1 TL Majoran, getrocknet
1/2 TL Thymian, getrocknet
1 EL Olivenöl
1 kleine Zwiebel, gerieben
1 TL Maisstärke
1 EL Pflanzensahne
Salz
Pfeffer

1. Die Bohnen mit den Gewürzen (bei frischen Gewürzen die doppelte Menge verwenden) mit dem Stabmixer pürieren.
2. Das Öl erhitzen, die Zwiebel anbraten, Maisstärke unterrühren und alles gut rösten. Zur Bohnenmasse geben und nochmals gut pürieren. Mit Salz und Pfeffer würzen und mit Pflanzensahne verfeinern.

TIPP: Diese Aufstriche schmecken besonders gut auf selbstgemachtem Bauernbrot (siehe S. 22).

BOHNENSUPPE

DAUER: 30 Minuten

1 EL hochwertige Margarine
1 EL Mehl
700 ml klare Suppe (siehe S. 34)
1 Dose Kidneybohnen (400g)
1 Zwiebel
4 Knoblauchzehen
100 g Lauch
1 rote Paprika
1 TL Bohnenkraut, getrocknet
1 TL Majoran, getrocknet
2 Lorbeerblätter
Salz
Pfeffer

1. Die Margarine schmelzen, dabei das Mehl einrühren und bräunen lassen.
2. Mit klarer Suppe aufgießen und mit einem Schneebesen kräftig durchrühren. Alles aufkochen lassen.
3. Die Bohnen mit der gesamten Flüssigkeit dazugeben und die Temperatur zurückschalten.
4. Die Zwiebel und den Knoblauch schälen und hacken. Den Lauch und die geputzte Paprika in feine Ringe schneiden und gemeinsam mit den Gewürzen in die Suppe geben.
5. Die Suppe ca. 20 Minuten leicht köcheln lassen, mit Salz und Pfeffer abschmecken.

TIPP: Bohnenkraut macht schwere Speisen leichter verdaulich. Man kann es sehr gut trocknen. Am besten einen Bund kopfüber an einem trockenen, dunklen Ort aufhängen.

ROHNEN-JOGHURTKREN-TÖRTCHEN
ROTE BETE-JOGHURTMEERRETTICH-TÖRTCHEN

Die Rote Bete wird in Österreich auch als „Rohne“ bezeichnet und gilt durch ihren reichen Gehalt an wertvollen Inhaltsstoffen als Detox-Lebensmittel.

DAUER: 45 Minuten
+ Kühlzeit
4 Servierringe (6,5 cm Ø)

300 g Rohnen
125 ml Wein, rot
1 g Pfeilwurzstärke (Maisstärke)
1 TL Ahornsirup (Zucker)
Salz
Pfeffer

300 g Sojajoghurt
100 g Pflanzencuisine
1 TL Agar-Agar, in 2 EL Wasser
30 g Kren, gerieben
1 Prise Zucker
Salz
Pfeffer, weiß
etwas Kren, grob geraspelt
Schnittlauchröllchen

1. Für den Joghurtkren den Joghurt über Nacht in einem Kaffeefilter (Baumwolltuch) abtropfen lassen.

2. Mit 80 g Pflanzencuisine verrühren. Agar-Agar in 2 EL Wasser auflösen. 20 g Pflanzencuisine erwärmen, Agar-Agar einrühren und unter Rühren 1-2 Minuten köcheln lassen. 3-4 EL der kalten Joghurtmasse unterrühren, dann mit dem „restlichen Joghurt“ alles gut verrühren. Mit dem geriebenen Kren vermengen und mit Zucker, Salz und Pfeffer pikant abschmecken. Kühl stellen.

3. Für das Rohnenragout die Rohnen kochen, kalt abbrausen, schälen und kleinwürfelig schneiden.

4. Den Wein und das Stärkemehl verrühren, aufkochen und die Rohnenwürfel einrühren. Die Temperatur zurückschalten und unter Rühren köcheln lassen, bis die Masse dickflüssig wird. Mit Ahornsirup, Salz und Pfeffer würzen. Abkühlen lassen, dabei immer wieder durchrühren.

5. Die Servierringe (6,5 cm Ø) mit kaltem Wasser ausspülen und auf Teller setzen. Das Rohnenragout bis zur Mitte einfüllen, dann mit Joghurtkren auffüllen. Ca. 4 Stunden im Kühlschrank fest werden lassen. Die Ringe vorsichtig entfernen und die pikanten Törtchen mit groben Krenraspeln und Pfeffer dekorieren.

ZUCCHINI IN STRUDELTEIG MIT BERGKRÄUTERCREME

Zucchini mal anders. Dieses anspruchslose Gemüse gedeiht in fast jedem Garten, wenn man das Gießen nicht vergisst.

DAUER: 45 Minuten

2 sehr kleine Zucchini
1 große Kartoffel
1 EL Pflanzensahne
Salz
1 Pckg. Strudelteig
3 Knoblauchzehen
Frittieröl

200 g Sojajoghurt
2 Knoblauchzehen
50 g Kräuter, frisch (Salbei, Zitronenmelisse, Schafgarbe,Spitzwegerich oder alternativ Basilikum, Oregano, evtl. Bärlauch)
Salz
Pfeffer

1. Den Joghurt in einem Sieb mit Filter oder Tuch einige Stunden abtropfen lassen.
2. Den Knoblauch schälen und feinst schneiden. Die Kräuter kurz in kochendes Wasser geben (ca. 2 Minuten), mit kaltem Wasser abbrausen und pürieren (Stabmixer!). Mit dem Joghurt und Knoblauch gut verrühren und mit Salz und Pfeffer würzen.
3. Die Zucchini waschen und in ca. 2 mm breite Scheiben schneiden.
4. Die Kartoffel kochen, schälen, pressen, mit der Sahne vermengen und salzen.
5. Den Strudelteig auflegen und in Quadrate zu je 15 cm Seitenlänge schneiden. 2 Teigquadrate so übereinander legen, dass das zweite als Raute über dem unteren Quadrat liegt. Mit Wasser bepinseln. Eine Zucchinischeibe mittig darauf setzen, mit einem kleinen Klecks Kartoffelpüree befüllen, etwas gehackten Knoblauch darauf drücken und mit einer weiteren Zucchinischeibe belegen. Den Strudelteig oben zusammendrehen.
6. Das Frittieröl stark erhitzen, die Päckchen darin rundum knusprig braten. Zum Entfetten auf Küchenkrepp legen und mit der Kräutercreme servieren.

SAUERKRAUTSALAT

Sauerkraut zeichnet sich durch seinen hohen Vitamin-C-Gehalt aus und gilt seit dem 18. Jahrhundert als Vorbeugung gegen Mangelerscheinungen im Winter.

DAUER: 30 Minuten

250 g Sauerkraut, roh
20 g Rucola, grob gehackt
1/2 Zwiebel, gehackt
1 Knoblauchzehe, gehackt
50 g Karotte, fein gerieben
1 EL Kren (Meerrettich), gerieben
1 Apfel, geraspelt
250 ml Sojajoghurt
2 EL Sonnenblumenöl
1 TL Kümmel, ganz
Salz
Pfeffer

1. Das Sauerkraut mit Rucola, Zwiebel, Knoblauch, Karotte, Kren und Apfel vermengen.
2. Das Sojajoghurt mit Öl, Kümmel, Salz und Pfeffer verrühren und mit dem Gemüse mischen.
3. Vor dem Servieren kurz kaltstellen.

HALLE E

mumok
museum moderner kunst stiftung ludwig wien

HAUPTSPEISEN

EIERSCHWAMMERLGRÖSTL
PFIFFERLINGGRÖSTL

Das Eierschwammerl (echter Pfifferling) riecht frisch leicht fruchtig. Diese Pilzsorte ist in allen österreichischen Bundesländern geschützt und darf nur von Privatpersonen bis maximal 2 kg gepflückt werden.

DAUER: 40 Minuten

400 g kleine Kartoffeln
200 g Eierschwammerln
1 rote Zwiebel
4 Schalotten
6 Knoblauchzehen
4 EL Olivenöl
1 Rosmarinzweig
Salz
Pfeffer
2 Bund Petersilie
10 Salbeiblätter

1. Die Kartoffeln in gesalzenem Wasser nicht zu weich kochen. Die Kartoffeln schälen, außer es sind Frühkartoffeln, die bleiben ungeschält. In 2-3 mm dicke Scheiben schneiden.

2. Die Schwammerln mit einem Pinsel säubern, Strunk kürzen.

3. Die Zwiebel, Schalotten und den Knoblauch schälen, in Ringe bzw. Scheibchen schneiden und in heißem Öl mit dem Rosmarin anbraten. Die Hitze zurückschalten und die Kartoffelscheibchen darin knusprig braten. Diese immer wieder wenden, dass sie rundum schön braun werden.

4. Größere Schwammerln halbieren, kleine ganz lassen und zu den Kartoffeln geben. Mitbraten lassen, bis auch sie rundum schön gebräunt sind. Mit Salz und Pfeffer kräftig würzen und mit gehackter Petersilie und Salbei bestreuen.

MAISWAFFELN MIT STRANKERLN
MAISWAFFELN MIT FISOLEN

Das Wort „Strankerln" ist Kärntner Mundart und bedeutet grüne Bohnen.

DAUER: 45 Minuten

250 ml Sojajoghurt
1 Bund Schnittlauch
Salz
Chili, gemahlen
500 g Strankerln (Fisolen)
Salz
1 EL Öl
4 EL Semmelbrösel

250 g Maismehl (wenn Grieß, fein mahlen)
20 g Maisstärke
1 TL Salz
5 g Backpulver
8 g Leinsamen, gemahlen in 50 ml Wasser
60 ml Rapsöl
300 ml Pflanzendrink
1 EL Oregano, getrocknet
Pfeffer
Etwas Öl für das Waffeleisen

1. Für den Schnittlauchjoghurt den Schnittlauch waschen und in Röllchen schneiden. Den Joghurt mit den Schnittlauchröllchen, dem Salz und Chili verrühren und kalt stellen.
2. Die Strankerln putzen, waschen und in genügend gesalzenem Wasser bissfest garen. Sofort kurz eiskalt abbrausen und im Sieb abtropfen lassen.
3. Für die Waffeln das Maismehl mit der Stärke, dem Salz und Backpulver versieben. Leinsamen ca. 5 Minuten im Wasser quellen lassen, dann mit dem Öl verquirlen. Mit einem Schneebesen das Mehl und den Pflanzendrink vermengen, dann das Leinsamen-Ölgemisch gut einrühren. Mit Oregano und Pfeffer würzen.
4. Das Waffeleisen erhitzen, mit etwas Öl auspinseln und mit einem kleinen Schöpfer Teig befüllen. Knusprig backen und den restlichen Teig ebenso verarbeiten.
5. 1 EL Öl in einer Bratpfanne erhitzen und die Brösel darin rösten. Diese dann über den Strankerln verteilen.
6. Die Waffeln mit der Schnittlauchsoße und den Bröselstrankerln anrichten.

TIPP: Man kann die Maiswaffeln auch in einer kleinen beschichteten Bratpfanne backen.

PIKANTER HIRSEEINTOPF

Hirse zählt zu den mineralstoffreichsten Getreidesorten. Gerne wird sie zum glutenfreien Backen verwendet.

DAUER: 45 Minuten

1+1 Zwiebel (rot und gelb, ca. 120 g)
4 Knoblauchzehen
2 EL Olivenöl
200 g Räuchertofu
100 g schwarze Linsen
120 g Hirse
250 ml klare Suppe (siehe S. 34)
8-10 kleine Tomaten
1 EL Olivenöl
Chiliflocken, gemahlen
Salz
Pfeffer
3 EL Basilikumblätter, frisch
1 EL Majoran, frisch

1. Die Zwiebeln und den Knoblauch schälen, in Ringe und Scheibchen schneiden und in 2 EL Olivenöl anbraten.
2. Den Räuchertofu in feine Scheiben schneiden und mitbraten.
3. Die Linsen in 350 ml Wasser ohne Salz bissfest kochen, in ein Sieb schütten und das Wasser abtropfen lassen.
4. Wenn der Tofu und die Zwiebeln gebräunt sind, die Hirse einrühren und mit der klaren Suppe aufgießen.
5. Die Tomaten kreuzweise einschneiden, mit heißem Wasser überbrühen und die Haut abziehen. In Scheiben schneiden und in 1 EL Olivenöl anbraten.
6. Die Linsen zur Hirse geben und mit gemahlenen Chiliflocken, Salz und Pfeffer würzen. Den Basilikum und die Majoranblättchen unter den Eintopf rühren.
7. Mit den gebratenen Tomatenscheiben fertigstellen.

TEIGRADLN MIT BROMBEERKOMPOTT

Die „Teigradln" sind hier keine Küchenhelfer, sondern eine leckere, süße Mehlspeise.

DAUER: 30 Minuten

300 g Vollkornweizenmehl, fein gemahlen
1 Pckg. Backpulver
1 Prise Salz
6 g Leinsamen, gemahlen in 100 ml Wasser
4 EL Mandelcuisine
4 EL Wein
100 g Vollrohrzucker, fein gemahlen
1 TL Bourbon Vanille
Rapsöl zum Frittieren
Puderzucker zum Bestäuben

300 g Brombeeren (oder Himbeeren, Blaubeeren)
4 EL Zitronensaft
80 g Ahornsirup
100 ml Traubensaft (optional Rotwein)
6 g Pfeilwurzstärke (Maisstärke)

1. Für das Brombeerkompott die Früchte mit dem Zitronensaft und dem Sirup vermengen. Den Traubensaft (oder Wein) mit dem Stärkemehl gut verrühren. Zusammen mit den Früchten unter Rühren in einem kleinen Topf aufkochen und bei niedriger Temperatur ca. 5-8 Minuten köcheln lassen.

2. Für die Teigradln das Mehl mit dem Backpulver und Salz versieben. Leinsamen ca. 5 Minuten im Wasser quellen lassen, dann mit der Cuisine und dem Wein verquirlen. Den Zucker mit der Vanille mischen. Dann alle Zutaten zu einem Teig verkneten. Sollte der Teig bröseln, esslöffelweise kaltes Wasser einkneten. Sollte er zu klebrig sein, einfach noch etwas Mehl unterkneten.

3. Auf einer bemehlten Arbeitsfläche denTeig dünn (ca. 3 mm) ausrollen und mit einer runden Ausstechform (Ø 6 cm) Kreise ausstechen. Mit einem Teigrädchen jeden Kreis dreimal bearbeiten, dabei nicht den Rand durchschneiden.

4. Das Öl 2 cm hoch in einer Bratpfanne erhitzen und die Teigkreise einlegen. Die Hitze etwas zurückschalten, die Kreise wenden und wenn sie goldbraun sind, zum Abtropfen auf Küchenkrepp legen. Das Herausbacken geht sehr schnell, deshalb Vorsicht, dass sie nicht zu dunkel geraten.

5. Mit Puderzucker bestäuben und mit Brombeermus servieren.

TIPP: Als Nachspeise nur die Hälfte aller Zutaten nehmen.

SPATZLN MIT GEMÜSE
SPÄTZLE MIT GEMÜSE

Die Spatzln werden in Vorarlberg besonders gern sowohl als eigenständiges Gericht oder als Beilage gegessen werden.

DAUER: 45 Minuten

500 g Mehl
500 ml Wasser
1 1/2 TL Salz + 2 TL Salz
100 g Kraut (Weiß- oder Rotkraut)
100 g Paprika
1 Zwiebel
100 g Lauch
150 g Karotten
100 g Stangensellerie
2 EL Olivenöl
Salz
Pfeffer
4 Stängel Petersilie
2 EL Öl zum Braten

1. Das Mehl in eine große Schüssel sieben. Nach und nach das gesalzene Wasser (1 1/2 TL Salz) einrühren. Der Teig sollte weich, aber nicht flüssig sein. Verwendet man Vollkornmehl, etwas mehr Wasser bereitstellen.
2. In einem großen Topf das Wasser zum Kochen bringen, 2 TL Salz einrühren. Ein Spatzlsieb auf den Topf legen und den Teig darauf füllen. Diesen mit einem Löffel durch das Sieb streichen und aufkochen lassen. Wenn die Spatzln an die Oberfläche gestiegen sind, in ein Sieb schütten und abtropfen lassen! Kurz mit kaltem Wasser abbrausen und nochmals gut abtropfen lassen.
3. Das Gemüse waschen und putzen. Das Kraut in schmale Streifen schneiden, ebenso die Paprika. Die Zwiebel und den Lauch in Ringe schneiden. Die Karotten und den Sellerie mit einem Julienneschneider (Asia-Shop) in Streifen schneiden.
4. 2 EL Olivenöl in einer Bratpfanne erhitzen. Zuerst die Zwiebel- und Lauchringe darin anbraten, anschließend Paprika, Karotten, Sellerie und Krautstreifen. Nach 3 Minuten vom Herd nehmen, salzen und pfeffern und auf einen Teller geben.
5. Nochmals 2 EL Öl in der Bratpfanne erhitzen. Die Spatzln darin zuerst anbraten lassen, dann bei kleinerer Hitze weiterbraten, bis sie rundum goldbraun sind. Durchrühren nicht vergessen!
6. Mit dem Gemüse vermengen und den Petersilienblättchen garnieren.

TIPP: Wenn man kein Spätzlesieb zuhause hat, kann man sich mit einem Schneidebrett und einem Messer behelfen. Denn Teig portionsweise auf das Brett geben, dieses auf den einen Rand des Kochtopfs legen und mit dem Messer Spätzle zügig abschneiden und ins kochende Wasser schieben.

SPINATLABERLN
SPINATLAIBCHEN

Spinat gibt es sowohl als zarten Frühlingsspinat, den man auch roh genießen kann, als auch als Herbstsorte. Da Zweiterer sehr kräftige Blätter hat, werden sie immer gekocht.

DAUER: 30 Minuten

100 g Zwiebel
4 Knoblauchzehen
250 g Kidneybohnen (Dose à 410 g)
8 g Leinsamen, gemahlen in 50 ml Wasser
20 ml Rapsöl
1 EL Bohnenkraut, frisch (oder 1 TL, getrocknet)
2 EL Olivenöl
250 g Spinat
120 g Laugengebäck
100 g Mehl
Salz
Pfeffer
Semmelbrösel zum Wälzen
Rapsöl zum Backen

2 kleine Romanasalate (oder andere)
250 ml Sojajoghurt
Salz
Pfeffer
etwas Essig und Öl (optional)

1. Zwiebel und Knoblauch schälen und in Würfelchen schneiden. Die Bohnen im Sieb gut abbrausen und abtropfen lassen. Mit dem Stabmixer in einem hohen Gefäß grob pürieren.
2. Leinsamen im Wasser ca. 5 Minuten quellen lassen, dann mit dem Öl verquirlen.
3. Das Bohnenkraut fein hacken.
4. Das Olivenöl in einer Pfanne erhitzen, Zwiebel und Knoblauch darin anbraten und den gewaschenen Spinat dazugeben. Mitbraten, bis er zusammenfällt. Auskühlen lassen.
5. Das Laugengebäck in kleine Würfel schneiden und mit dem Spinat und Mehl vermengen. Alle Zutaten verkneten. Sollte der Teig noch zu weich sein, mit etwas mehr Mehl binden. Mit nassen Händen kleine Laibchen formen und diese rundum in Semmelbröseln wälzen.
6. In einer Bratpfanne bodenbedeckt Rapsöl erhitzen und die Laibchen darin rundum anbraten (Vorsicht, Hitze zurücknehmen!). Auf Küchenkrepp entfetten und im Backofen warm halten.
7. Den Romanasalat waschen, Strünke etwas abschneiden und die Salate halbieren. Den Joghurt mit Salz und Pfeffer verrühren und darüber träufeln. Nach Geschmack etwas Öl und Essig zum Joghurt mischen.

POLSTERZIPF MIT APFELMUS

Die Form, die der Ecke eines Kissens sehr ähnelt, ist für den Namen dieser Süßspeise verantwortlich.

DAUER: 30 Minuten + Kühlzeit

300 g Mehl
10 g Backpulver
1 Prise Salz
1 TL Anis, ganz
1 TL Bourbon Vanille
1 TL Rum
125 ml Pflanzendrink
30 g Margarine, zerlassen
Frittieröl
Staubzucker zum Besieben

1 kg Äpfel
1 kleine Zimtstange
200 ml Wasser
5 Gewürznelken, ganz
Zitronensaft (optional)
Zucker (optional)

1. Das Mehl mit dem Backpulver und dem Salz versieben und mit den restlichen Zutaten zu einem glatten Teig verkneten. 30 Minuten kühl rasten lassen, aber bitte nicht länger.
2. Den Teig auf einer bemehlten Arbeitsfläche ca. 3 mm dick ausrollen, dann mit einem Teigrädchen Rechtecke in der Größe von ca. 6 cm x 4 cm ausschneiden.
3. Das Frittieröl in einer Bratpfanne erhitzen und Posterzipfel schwimmend darin ausbacken. Anschließend zum Entfetten auf Küchenkrepp legen.
4. Mit Staubzucker bestäuben.
5. Für das Apfelmus die Äpfel waschen, vom Kerngehäuse befreien und in Spalten schneiden.
6. Die Apfelspalten mit Wasser, der Zimtrinde und den Gewürznelken in einem höheren Topf zum Kochen bringen. Die Hitze reduzieren und die Äpfel dünsten lassen, bis sie weich sind.
7. Die Zimtstange und Nelken entfernen und die Äpfel mit einem Sabmixer pürieren.
8. Nach Belieben mit Zucker und Zitronensaft abschmecken.

TIPP: Je saftiger die Äpfel sind, desto weniger Wasser ist notwendig.

FASTENEINTOPF MIT BIERBRÖTCHEN

Das Weißkraut (der Weißkohl) ist auf Grund seiner heilenden Wirkung gerne Bestandteil von Fastengerichten.

DAUER: 1 Stunde

60 g Zwiebel
4 Knoblauchzehen
100 g Kartoffeln
100 g Kohlrabi
250 g Weißkraut
30 g Petersilienwurzel
30 g Selleriewurzel
50 g hochwertige Margarine
2 EL Mehl
1 l Wasser
1 Lorbeerblatt
1 TL Kümmel
1 TL Majoran, getrocknet
100 g Reis (Langkorn oder Rundkorn)
100 g Tellerlinsen (Dose)
Salz
Pfeffer
1/2 Bund Petersilie

Bierbrötchen siehe Rezept Seite 26 (nur halbe Zutatenmenge)

1. Bierbrötchen nach Rezept backen.

2. Zwiebel, Knoblauch, Kartoffeln und Kohlrabi schälen. Zwiebel und Knoblauch fein, Kartoffeln und Kohlrabi größer würfeln. Das Kraut in Streifen schneiden (oder hobeln), die Petersilien- und Selleriewurzel fein hacken.

3. Die Margarine in einem Topf schmelzen lassen, das Mehl darin anrösten und mit Wasser aufgießen. Aufkochen lassen, dann das Gemüse und die Gewürze (Lorbeer, Majoran, Kümmel) dazugeben und 30 Minuten ohne Deckel köcheln lassen.

4. Den Reis einrühren und weitere 15 Minuten mitkochen lassen. Immer wieder durchrühren.

5. Zum Schluss die Linsen beifügen, mit Salz und Pfeffer würzig abschmecken und mit gehackter Petersilie garnieren.

ÜBERBACKENE PALATSCHINKEN
ÜBERBACKENE PFANNKUCHEN

Palatschinken sind dünner als Pfannkuchen und werden außer in Österreich auch in allen Ländern und Gebieten des ehemaligen Kaisertums Österreich bzw. der früheren Österreichisch-Ungarischen Monarchie zubereitet und gegessen.

DAUER: 45 Minuten

200 g Cashewkerne, über Nacht eingeweicht
100 ml Mandelcuisine
120 ml Hafer-Reisdrink
1 TL Agar-Agar
1 EL Zucker
1 TL Bourbon Vanille
1 EL Rum (optional)
10 g Leinsamen, in 100 ml Wasser
40 ml Rapsöl
500 ml Hafer-Reisdrink
240 g Mehl
1 Prise Salz
Rapsöl für die Pfanne
1 EL Rapsöl für die Auflaufform
200 ml Mandelcuisine zum Überbacken
4 EL Mandelblättchen

1. Die über Nacht eingeweichten Cashewkerne gründlich mit kaltem Wasser abbrausen und mit der Cuisine pürieren.

2. Den Hafer-Reisdrink mit Agar-Agar vermengen, aufkochen, 5 Minuten köcheln lassen und mit dem Zucker und Vanillezucker verrühren. Heiß unter die Cashews mixen und pürieren. Abkühlen lassen und eventuell mit Rum verfeinern.

3. Für den Palatschinkenteig den Leinsamen im Wasser quellen lassen und mit dem Öl verquirlen. Den Hafer-Reisdrink mit dem Mehl und Salz verrühren und mit dem Leinsamengemisch gut versprudeln.

4. Den Backofen auf 220° C (Ober- Unterhitze) vorheizen.

5. Eine Pfanne mit Antihaftbeschichtung mit Rapsöl ausstreichen, erhitzen und nacheinander die Palatschinken darin backen (wenden nicht vergessen!).

6. Die Palatschinken mit Cashewfüllung großzügig bestreichen, zusammenrollen und in eine gefettete Auflaufform schichten.

7. Die Mandelcuisine darüber verteilen und auf mittlerer Schiene zum Überbacken (ca. 15 Minuten) in den Backofen schieben. Gegen Ende der Backzeit die Mandelblättchen darüber streuen, damit sie noch etwas Farbe annehmen können.

TIPP: Palatschinken schmecken auch sehr lecker, wenn sie nur mit vorgewärmter Marmelade oder auch pikant gefüllt und nicht überbacken werden.

KRAUTSTRUDEL MIT DILLSOSSE

Das Weißkraut (der Weißkohl) hat vor allem im Herbst und Winter Saison. Nicht nur in Eintöpfen und Strudeln, sondern auch als Salat schmeckt er wunderbar.

DAUER: 45 Minuten
+ Backzeit

1 kg Weißkraut
1 Zwiebel
100 g hochwertige Margarine (optional Pflanzenöl)
1 EL Kümmel
1 EL Salz
Pfeffer
100 ml Wasser (optional Weißwein)
1 Pckg. Strudelteig, vegan
50 g hochwertige Margarine, zerlassen

50 g hochwertige Margarine
2 EL Mehl
250 ml Wasser (oder klare Brühe, Seite 34)
1 Bund Dill
Salz
Pfeffer
vegane Sahne (optional)

1. Das Kraut teilen, den Strunk herausschneiden und hobeln.
2. Die Zwiebel schälen, würfelig schneiden und in der zerlassenen Margarine (100 g) anrösten.
3. Das Kraut dazugeben, mit Kümmel, Salz und Pfeffer würzen und kurz mitrösten lassen.
4. Mit Wasser (oder Weißwein) aufgießen und bei niedriger Temperatur weich dünsten. Auskühlen lassen und die restliche Flüssigkeit abgießen.
5. 2 Strudelblätter auf einem Geschirrtuch übereinander auflegen. Dazwischen mit der Hälfte der zerlassenen Margarine bestreichen.
6. Mit dem gedünsteten Kraut belegen, dabei an den beiden Seiten ca. 3 cm, vom oberen Rand ca. 7 cm frei lassen. Die Seiten einschlagen und den Strudel mit der Hilfe des Küchentuchs einrollen.
7. Den Strudel mit der restlichen Margarine einstreichen und vorsichtig auf ein mit Backpapier ausgelegtes Backblech legen.
8. Im vorgeheizten Backofen bei 200° C Ober- Unterhitze auf mittlerer Schiene goldbraun backen.
9. Während der Strudel bäckt, für die Dillsoße die Margarine in der Pfanne schmelzen lassen und das Mehl einrühren. Kurz bräunen und mit Wasser (oder klarer Brühe) aufgießen. Gut durchrühren und ca. 15 Minuten auf kleiner Flamme köcheln lassen.
10. Mit gehacktem Dillkraut, Salz und Pfeffer abschmecken. Nach Belieben die Soße auch noch verdünnen oder mit etwas veganer Sahne verfeinern.
11. Den Strudel mit der Dillsoße anrichten.

TIPP: Das Kraut kann schon am Vortag zubereitet werden.

BÄRLAUCH-KARTOFFELWUTZEL

Wenn man Bärlauch selbst pflückt, ist Vorsicht geboten. Leicht ist er mit den Blättern des giftigen Maiglöckchens oder dem der Herbstzeitlosen zu verwechseln. Aber nur die Blätter des Bärlauchs haben den typischen Knoblauchduft, der sie dann doch gut unterscheidbar macht.

DAUER: 45 Minuten

500 g Kartoffeln, mehlig
200 g Bärlauch (optional Spinat)
100 g Mehl
40 g Weizengrieß
2 TL Salz
Pfeffer
12 Salbeiblätter, frisch
100 g hochwertige Margarine
Pfeffer

Für das Kochwasser:
1 EL Öl
2 TL Salz

1. Die Kartoffeln waschen, in einem Kochtopf mit Wasser bedeckt, weichkochen. Anschließend die Kartoffeln schälen, durch die Kartoffelpresse drücken und abkühlen lassen.

2. Den Bärlauch putzen, waschen und 1 Minute in kochendem Wasser blanchieren. Mit eiskaltem Wasser abschrecken und noch tropfnass mit dem Stabmixer pürieren (bei Spinat gilt dieselbe Vorgehensweise).

3. Das Kartoffelpüree mit dem Mehl, Grieß, Salz und Pfeffer verkneten. Zum Schluss den Bärlauch untermengen. Sollte der Teig zu weich sein, noch etwas Mehl dazugeben.

4. Auf einer bemehlten Arbeitsfläche den Teig zu einer Rolle formen, kleine Teigstücke abteilen und jedes mit bemehlten Händen zu erbsenschotenartigen Nudeln „wutzeln".

5. Ca. 3 l Wasser erhitzen, Öl und Salz dazugeben und aufkochen lassen. Die Nudeln nach und nach ins Wasser gleiten lassen. Einmal kurz aufkochen lassen und dann die Temperatur reduzieren. Ein paar Minuten ziehen lassen, dann mit einem Schöpflöffel herausheben. Abtropfen lassen und auf vorgewärmten Tellern anrichten.

6. Die Margarine schmelzen lassen und die Salbeiblätter darin knusprig braten. Diese auf den Wutzeln verteilen. Grüner Salat passt übrigens herrlich dazu.

TIPP: Sollte der Bärlauch durch Spinat ersetzt werden, einfach noch 5 kleingehackte Knoblauchzehen dazugeben, damit er etwas Würze bekommt.

ERDÄPFEL-STRANKERLGULASCH
GULASCH AUS KARTOFFELN UND GRÜNEN BOHNEN

Die Kartoffel wird im Süden Deutschlands sowie in Österreich und der Schweiz gerne auch als Erdapfel bezeichnet. Die Kocheigenschaften der vorwiegend festkochenden Kartoffeln machen das Gulasch leicht sämig, ohne dabei gänzlich zu verkochen.

DAUER: 30 Minuten

1 große Zwiebel
2 Knoblauchzehen
2 Tomaten
300 g Kartoffeln, vorwiegend festkochend
1 roter Spitzpaprika
1/2 grüne Pfefferoni
150 g Strankerln, frisch oder tiefgekühlt
2 EL Olivenöl
1 EL Essig
1 TL Paprikapulver, edelsüß
1 EL Tomatenmark
250 ml Wasser
1 Kartoffel zum Binden
1 Zweig Majoran
1 kleiner Zweig Thymian
Salz
Pfeffer

1. Die Zwiebel und die Knoblauchzehen schälen und in kleine Würfel schneiden. Die Tomaten kreuzweise einschneiden und mit heißem Wasser überbrühen. Die Haut abziehen und die Tomaten grob würfeln. Die Kartoffeln schälen und ebenfalls grob würfeln. Die Spitzpaprika und Pfefferoni (Kerne entfernen!) in Streifen schneiden. Die Strankerln putzen und in mundgerechte Stücke teilen.

2. Das Öl in einer Bratpfanne erhitzen, Zwiebel und Knoblauch darin anbraten. Zuerst die Kartoffeln, Strankerln, Paprika und Pfefferoni dazugeben und mitbraten. Mit Essig ablöschen und das Paprikapulver einrühren. Das Tomatenmark, die Tomatenstücke und Gewürze dazugeben. Das Wasser einrühren. Auf kleiner Flamme köcheln lassen, bis die Kartoffeln bissfest sind.

3. Bei Bedarf etwas Wasser zusätzlich einrühren. Zum Schluss eine rohe Kartoffel auf dem Reibeisen reiben und samt Saft in das Gulasch einrühren. Mit Salz und Pfeffer kräftig würzen.

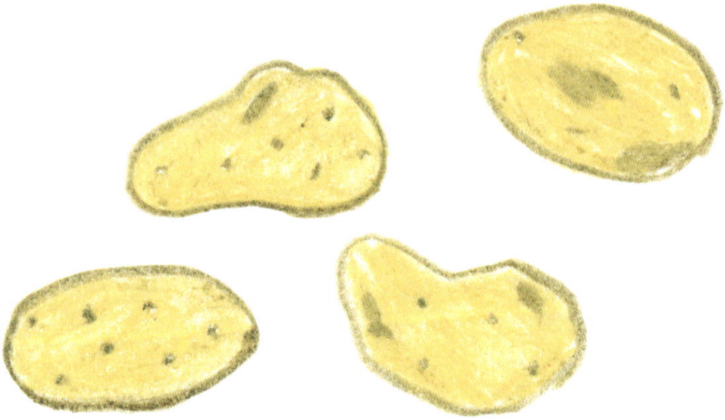

BUCHTELN MIT VANILLESOSSE

Buchteln kommen aus der Küche Böhmens, sind aber auch in Österreich Bestandteil der süßen Küche. Im Café Hawelka in Wien soll die Chefin selbst die Buchteln zubereitet haben.

DAUER: 1 Stunde + Ruhe- und Backzeit

400 g Weizenmehl
1 Pckg. Trockenhefe
2 EL Zucker
1 Msp. Salz
40 g hochwertige Margarine, zerlassen
200 ml Sojadrink, lauwarm
100 g Marillenmarmelade (siehe S. 28)
2 EL Sonnenblumenöl für die Form

30 g Puddingpulver, Vanillegeschmack
100 ml Pflanzencuisine
500 ml Sojadrink (oder anderen Pflanzendrink)
1/2 TL Bourbon Vanille
100 g Kristallzucker
2 EL Rum, optional

1. Das Mehl mit der Hefe, dem Zucker und Salz mischen. Die zerlassene Margarine mit dem Sojadrink verrühren und mit dem Mehlgemisch zu einem Teig verkneten. In der Küchenmaschine oder mit den Knethaken des Handrührgerätes den Teig so lange bearbeiten, bis es seidig glatt ist. In einer Schüssel, zugedeckt mit einem Tuch, an einem warmen Ort gehen lassen, bis sich der Teig verdoppelt hat.

2. Eine mittelgroße Auflaufform (oder Tortenform) mit 2 EL Öl auspinseln. Aus dem Teig mit einem Löffel 14 gleich große Stücke abnehmen. Jedes Teigstück mit 1 TL Marillenmarmelade befüllen und zu einer Buchtel formen (wie ein Knödel). Rundum im Öl der Backform wenden und einschlichten. Mit den restlichen Buchteln ebenso verfahren. Zudecken und nochmals 30 Minuten gehen lassen.

3. Den Backofen auf 180° C Ober-/Unterhitze vorheizen und die Buchteln auf der 2. Schiene von unten ca. 40-45 Minuten backen. Sie sollen eine hellbraune Oberfläche bekommen.

4. Für die Vanillesoße das Puddingpulver möglichst klümpchenfrei mit der Pflanzencuisine verrühren. Den Sojadrink mit der Vanille aufkochen und das verrührte Puddingpulver mit einem Schneebesen zügig einrühren. Aufkochen lassen, dabei gründlich weiterrühren (1-2 Minuten). Vom Herd ziehen, mit dem Zucker verrühren und nach Geschmack mit Rum verfeinern (für Kinder natürlich weglassen!). Die Buchteln aus der Form stürzen und mit Vanillesoße servieren.

TIPP: Man kann Buchteln auch mit Powidl füllen.

FASCHIERTER BRATEN MIT KNÖDEL
HACKBRATEN MIT KNÖDEL

„Faschieren" bedeutet ganz klein hacken, eigentlich durch „einen Fleischwolf" drehen.

DAUER: 90 Minuten

300 g Tellerlinsen, abgetropft (Dose)
300 g Kichererbsen, abgetropft (Dose)
6 Reiswaffeln
2 Zwiebeln
5 Knoblauchzehen
30 g Stärkemehl
50 g Vollkorndinkelmehl
2 TL Majoran, getrocknet
1 TL Thymian, getrocknet
1 TL Bohnenkraut, getrocknet
2 TL Paprikapulver, edelsüß
2 EL Tomatenmark (optional)
Salz
Pfeffer
4 EL Öl zum Anbraten
250 ml klare Suppe (siehe S. 34)
...

1. Für den Braten die Linsen und Kichererbsen mit kaltem Wasser abbrausen und abtropfen lassen. Reiswaffeln grob zerkrümeln. Zwiebeln und Knoblauch schälen und würfelig schneiden. Stärkemehl und Vollkorndinkelmehl vermengen. Alle Zutaten ohne Brühe in einer großen Schüssel vermengen und gut durchkneten. Nochmals mit Salz und Pfeffer abschmecken. Masse halbieren und jede Hälfte mit nassen Händen in eine ovale, ca. 5 cm hohe Form bringen.

2. Das Öl in einer großen Bratpfanne erhitzen und die Bratenstücke rundum knusprig anbraten. Den Backofen auf 200° C vorheizen. Den Braten in eine Auflaufform legen und auf der mittleren Schiene (Gitterrost) braten. Immer wieder mit der Gemüsebrühe esslöffelweise übergießen. Der Braten sollte eine schöne, braune Kruste bekommen. Die Bratzeit beträgt etwa 45-60 Minuten.

3. Das Sauerkraut mit Wasser bedecken. Die Wacholderbeeren und Lorbeerblätter, den Kümmel und das Salz dazugeben und aufkochen lassen. Die Hitze verringern und 20 Minuten köcheln lassen. Eventuell etwas Wasser nachgießen.

4. Das Öl in einer Bratpfanne erhitzen und die gewürfelte Zwiebel darin anbraten. Das Kraut samt restlichem Wasser dazugeben und weiter anbraten lassen. Gut durchrühren und etwas Wasser angießen. Aufkochen lassen, Temperatur zurückschalten und 10 Minuten garen. Eine rohe Kartoffel reiben und unter das Kraut rühren. Noch 5 Minuten köcheln lassen, dann das Kraut salzen.

500 g Sauerkraut, roh
5 Wacholderbeeren
2 Lorbeerblätter
1 EL Kümmel, ganz
2 EL Öl

1 Zwiebel
1 Kartoffel, roh
Salz

1 l Wasser
5 EL Apfelessig
Salz
750 g Erdäpfel, roh
250 g Erdäpfel, gekocht
2 EL Mehl
2 1/2 EL Kartoffelstärke

5. Für die Waldviertler Erdäpfelknödel 1 l Wasser mit Essig u. Salz in einer tiefen, großen Schüssel vermischen. Ein sauberes Tuch hineinlegen. Die Erdäpfel hineinreiben, das Tuch zusammendrehen und die Erdäpfel gut ausdrücken.

6. Die gekochten Erdäpfel schälen, pressen (nicht pürieren), salzen und mit den rohen Erdäpfeln, dem Mehl und der Kartoffelstärke zu einem festen Teig verkneten.

7. Leicht gesalzenes Wasser in einem großen Topf aufkochen, mit nassen Händen Knödel formen und ins kochende Wasser geben. Die Temperatur etwas zurückschalten und die Knödel schwach wallend kochen lassen, bis sie sich drehen (ca. 20 Min.). Mit dem Braten und dem Sauerkraut servieren.

TIROLER SCHLIPFKRAPFEN
TEIGTASCHEN MIT KARTOFFELFÜLLUNG

Besonders in Osttirol sind die Schlipfkrapfen mit Kartoffelfüllung eine Spezialität.

DAUER: 1 Stunde 30 Minuten
Ausstechform (Ø 5 cm)

300 g Roggenmehl
300 g Weizenmehl
2 TL Salz
300 ml Wasser, lauwarm
2 EL Öl
500 g Kartoffeln, mehlige Sorte
100 g Zwiebel
3 Knoblauchzehen
100 g Lauch
3 EL Majoran (3 TL getrocknet)
2 TL Thymian (1 TL getrocknet)
Salz
100 g hochwertige Margarine
Schnittlauchröllchen optional

1. Die Mehle mit Salz versieben. Das Wasser mit Öl mischen und mit dem Mehl zu einem glatten, seidigen Teig verkneten. Noch 10 Mal auf das Arbeitsbrett schlagen. Einen Topf erwärmen, über den Teig stülpen und 10 Minuten rasten lassen.

2. Die Kartoffeln in gesalzenem Wasser kochen, schälen und durch die Kartoffelpresse drücken. Zwiebel und Knoblauch schälen und sehr fein hacken. Den Lauch und die Kräuter feinst schneiden. Die Kartoffeln mit Zwiebel, Lauch und den Kräutern gut vermengen und mit Salz würzig abschmecken.

3. Den Nudelteig auf einer bemehlten Arbeitsfläche 2-3 mm dick ausrollen und mit einer Ausstechform Kreise ausstechen. Jeden Teigkreis mit einem Teelöffel Füllung belegen, den Teig über die Füllung stülpen und mit Daumen und Zeigefinger gut zusammendrücken.

4. Das Wasser mit 2 TL Salz in einem großen Topf erhitzen und die Schlipfkrapfen portionsweise darin ca. 10 Minuten leicht köcheln lassen. Aus dem Wasser nehmen und warm stellen.

5. Die Margarine goldbraun aufschäumen und über die Schilpfkrapfen gießen, oder die Schlipfkrapfen portionsweise in einer beschichteten Pfanne knusprig braun braten.

GRIESSSCHMARRN MIT MARRILLENRÖSTER
GRIESSSCHMARREN MIT APRIKOSENMUS

In der österreichischen Küche wird ein feines Marillenmus als Marillenröster bezeichnet.

DAUER: 30 Minuten

1 l Mandeldrink
1 Prise Salz
360 g Hartweizengrieß, grob
120 g hochwertige Margarine
80 g Kristallzucker
2 TL Bourbon Vanille
1 TL Zitronenschale, gerieben
4 EL Rosinen
Puderzucker zum Bestäuben

1 kg Marillen
250 g Zucker
200 ml Weißwein
100 ml Orangensaft
250 ml Wasser
1 TL Bourbon Vanille
Cointreau (optional)

1. Den Mandeldrink mit einer Prise Salz aufkochen, den Grieß unter ständigem Rühren mit einem Schneebesen langsam einrieseln lassen. Die Hitze zurücknehmen und weiterrühren (Grieß brennt schnell an!!), bis die Masse eingedickt ist. Auskühlen lassen.
2. Den kalten Grießbrei in 2 Portionen teilen und nacheinander anrösten. Dafür in einer großen, beschichteten Pfanne die Hälfte der Margarine schmelzen lassen, die Hälfte der Grießmasse dazugeben und bei mittlerer Hitze goldbraun anbraten. Mit zwei Gabeln in Stücke reißen. Die Hälfte des Zuckers, der Vanille, Zitronenschale und Rosinen dazugeben. Alles rundum knusprig braun backen und im Backofen warm halten, bis auch der zweite Teil angeröstet ist.
3. Den Grießschmarrn auf Tellern anrichten und mit Puderzucker bestäuben.
4. Der Marillenröster wird bereits vor dem Grießschmarrn gekocht, dafür die Marillen entsteinen. Den Zucker in einer Bratpfanne (oder in einem großen Topf) karamellisieren, mit Wein, Orangensaft und Wasser aufgießen. Die Marillen mit der Vanille dazugeben, gut umrühren und bei milder Hitze weich dünsten. Eventuell mit ein paar Spritzern Cointreau verfeinern.

TIPP: Für Kinder den Alkohol durch Orangensaft oder Marillennektar ersetzen.

KÜRBISNOCKEN MIT KÄFERBOHNENSALAT
KÜRBISKLÖSSE MIT FEUERBOHNENSALAT

Besonders die steirische Käferbohne zählt bei Gourmetfreunden als Geheimtipp. Sie hat eine zart-sämige Konsistenz und einen fein-nussigen Geschmack.

DAUER: 1 Stunde

Ca. 700 g Kürbis (Hokkaido)
2 EL Olivenöl
500 g Kartoffeln, mehlige Sorte
5 Knoblauchzehen
60 g Haferflocken
Salz
9 EL Brotwürfel
1 EL Maisstärke
Salz
Pfeffer
1/4 TL Muskatnuss, gerieben
Olivenöl zum Bepinseln
Haferflocken zum Wälzen

250 g Käferbohnen
1 Zwiebel
5 EL Essig
10 EL Kürbiskernöl
1 TL Bohnenkraut, getrocknet
Salz

500 ml Sojajoghurt
1 Bund frische Kräuter (Petersilie, Schnittlauch)
2 Knoblauchzehen
Salz
Pfeffer

1. Den Backofen auf 180° C vorheizen. Das Backblech mit Backpapier auslegen. Den Kürbis schälen, von Kernen und Stroh befreien und in mittelgroße Stücke teilen. Auf das Backblech geben, mit etwas Olivenöl beträufeln und backen, bis das Kürbisfleisch weich ist.

2. Die Kartoffeln in gesalzenem Wasser kochen, pellen und pressen. Das Kürbisfleisch mit einer Gabel zerdrücken und mit den Kartoffeln vermengen. Den Knoblauch schälen und fein hacken. Die Haferflocken mit den Brotwürfeln (gut auch Schwarzbrot!) mischen. Mit dem Stärkemehl, dem geriebenen Muskat und dem Knoblauch zum Kartoffel-Kürbispüree geben, salzen, pfeffern und gut verkneten. Mit feuchten Händen Nocken formen, diese mit Olivenöl einpinseln, vorsichtig in den Haferflocken wälzen und auf einem mit Backpapier ausgelegtem Backblech bei 200° C Ober- Unterhitze im Rohr knusprig backen.

3. Die Käferbohnen über Nacht in Wasser einweichen. In leicht gesalzenem Wasser bissfest kochen und auskühlen lassen (wenn man Bohnen aus der Dose verwendet, entfällt das Einweichen und Kochen). Die Zwiebel schälen und fein hacken oder in feine Ringe schneiden. Mit Essig, Öl, Bohnenkraut und Salz zu den Bohnen geben und gut vermengen.

4. Den Sojajoghurt mit fein gehacktem Knoblauch, gehackten Kräutern, Salz und Pfeffer verrühren.

5. Die Kürbisnocken mit dem Käferbohnensalat und dem Kräuterjoghurt auf Tellern anrichten.

TIPP: Bei dem Kürbiskernöl lohnt es sich, auf gute Qualität zu achten, auch wenn es etwas teurer ist. Sein Geschmack ist einfach milder, intensiver und nussiger.

EIERSCHWAMMERLGULASCH
PFIFFERLINGGULASCH

Semmelknödel gehören zu den Spezialitäten der österreichischen Küche und werden gerne als Beilage gereicht.

DAUER: 45 Minuten

10 g Leinsamen in 50 ml Wasser
20 ml Rapsöl
200 g Semmelwürfel
1 TL Salz
40 g Mehl
250 ml Pflanzendrink
15 g Petersilie, gehackt

100 g Zwiebel
5 Knoblauchzehen
2 EL Rapsöl
600 g Eierschwammerln
1 TL Kümmel
1 TL Maisstärke in 100 ml Wasser
400 ml Pflanzensahne
Salz
Pfeffer
30 g Petersilie

1. Für die Knödel Leinsamen im Wasser ca. 5 Minuten quellen lassen, dann mit dem Öl verquirlen. Die Semmelwürfel mit Salz und Mehl mischen. Leinsamen mit dem Pflanzendrink vermengen und mit der gehackten Petersilie zur Brotmischung geben. Mit den Händen alles gut verkneten und ziehen lassen.

2. In einem Suppentopf Wasser mit 2 TL Salz erhitzen. Mit nassen Händen aus der Knödelmasse 8 Knödel formen.

3. Für das Schwammerlgulasch Zwiebel und Knoblauch schälen und in kleine Würfel schneiden. Das Öl in einer Bratpfanne erhitzen, Zwiebel und Knoblauch darin goldbraun anrösten. Die Schwarmmerln mit einem Pinsel säubern, Strünke etwas kürzen und größere Pilze in Scheiben schneiden. Mit dem Kümmel in die Bratpfanne geben und mitbraten, dabei immer wieder durchrühren. Die Pilze ziehen viel Wasser, das aber während der Kochzeit einkocht. Bei milder Hitze ca. 10 Minuten garen lassen. Umrühren.

4. Wenn das Knödelwasser kocht, die Knödel einlegen, kurz aufkochen lassen, die Temperatur zurückschalten und die Knödel ziehen lassen, bis sie an die Oberfläche steigen.

5. Das Stärkemehl mit kaltem Wasser gut verrühren und zu den Pilzen geben. Durchrühren und 2-3 Minuten köcheln. Die Pflanzensahne einrühren, salzen, pfeffern und zum Schluss mit der gehackten Petersilie würzen.

6. Die Knödel aus dem Wasser heben, kurz abtropfen lassen und mit dem Gulasch servieren.

MARILLENKNÖDEL
APRIKOSENKNÖDEL

DAUER: 45 Minuten

600 g Kartoffeln, mehlige Sorte
175 g Mehl
75 g Grieß
2-3 EL Pflanzencuisine
16 Stück Marillen
16 Stück Würfelzucker
80 g hochwertige Margarine
160 g Semmelbrösel
40 g Puderzucker
2 TL Zimt
Puderzucker zum Bestäuben
Mehl für Arbeitsfläche
1 Prise Salz für das Kochwasser

1. Die Kartoffeln in leicht gesalzenem Wasser bissfest kochen, schälen und heiß durch die Kartoffelpresse drücken. Mit Mehl, Grieß und Cuisine zu einem Teig mischen. Die Marillen entsteinen,dafür in jede Marille ein Stück Würfelzucker geben. Den Teig auf einem bemehlten Arbeitsbrett zu einer Rolle formen und in 16 Stücke teilen. In jedes Teigstück eine Marille legen und diese gleichmäßig mit dem Teig ummanteln.
2. In einem großen Topf leicht gesalzenes Wasser aufkochen, die Knödel einlegen, die Temperatur verringern und köcheln lassen, bis die Knödel an die Oberfläche steigen.
3. Gleichzeitig in einer beschichteten Bratpfanne die Margarine schmelzen. Semmelbrösel, Zucker und Zimt darin gut vermischen und bei kleiner Flamme leicht anrösten (Vorsicht, sie brennen leicht an).
4. Die Knödel aus dem Wasser heben und in den Zimt-Zuckerbröseln wälzen, dass sie rundum gut damit bedeckt sind. Auf vorgewärmten Tellern servieren und mit Puderzucker bestäuben.

TIPP: Im Herbst kann man die köstlichen Marillen durch Zwetschgen (Pflaumen) ersetzen. Die Zubereitung bleibt gleich.

GEBACKENER WIRSING

Kohl steht häufig im Herbst und im Winter auf dem Speiseplan und findet vor allem in deftigen Eintöpfen Verwendung.

DAUER: 1 Stunde

1 großer Wirsing
1 EL Kümmel, ganz
1 EL Salz
1 l Wasser
250 g Dinkel, schnell kochend
500 ml Wasser
1 TL Salz
1 EL Olivenöl
100 g Zucchini
50 g Stangensellerie
120 g Karotten
70 g Zwiebel
4 Knoblauchzehen
150 g Tomaten
70 g Knollensellerie
1 Paprika
1 EL Öl
Salz
Pfeffer
1/2 Bund Majoran
1-2 EL Sojasoße (optional)
Etwas Olivenöl zum Beträufeln
2 EL Olivenöl für die Auflaufform

1. Die Auflaufform mit 2 EL Olivenöl ausstreichen. Vom Wirsing den Strunk keilförmig herausschneiden, die Blätter vorsichtig lösen und auch die groben Rippen entfernen. Ca. 1 l Wasser mit Salz und Kümmel aufkochen, vom Herd nehmen und die Blätter darin einlegen. Etwa 30 Minuten ziehen lassen, dann zum Trocknen auf ein Tuch legen.

2. Für die Füllung den Dinkel in 500 ml Wasser, vermischt mit 1 TL Salz, ca. 20 Minuten garen, dann in ein Sieb schütten und das restliche Kochwasser abtropfen lassen.

3. Das Gemüse putzen und würfeln, dann in 1 EL Olivenöl anbraten. Den Dinkel dazugeben und gut vermischen. Nochmals mit Salz und Pfeffer kräftig abschmecken. Den gehackten Majoran dazugeben und nach Geschmack etwas Sojasoße.

4. Mit den Wirsingblättern den Boden der Auflaufform auslegen. Einen Teil der Füllung darauf verteilen, danach wieder eine Lage Wirsingblätter, dann Füllung, Wirsingblätter, Füllung und als Abschluss noch eine Lage Wirsingblätter. Mit etwas Olivenöl beträufeln.

5. Im vorgeheizten Backofen (180° C Ober- Unterhitze) auf mittlerer Schiene 20-25 Minuten backen.

DINKELLAIBCHEN MIT APFELKREN
DINKELBOULETTEN MIT APFELMEERRETTICH

Kren ist fester Bestandteil jeder österreichischen Osterjause. Der Apfelkren ist eine fruchtige Variante, die das ganze Jahr über ausgezeichnet zu verschiedensten Gerichten passt.

DAUER: 1 Stunde

250 g Dinkel, schnell kochend
1 Zwiebel
4 Knoblauchzehen
1 Bund Kräuter, gemischt (Petersilie, Majoran, Schnittlauch)
2 EL Maisstärke
3 EL Semmelbrösel
Salz
Pfeffer
4 EL Öl zum Braten

1 kg Rotkraut
1 Zwiebel
1-2 Äpfel, säuerliche Sorte
2 EL Öl
1 EL Kristallzucker
...

1. Den Dinkel in leicht gesalzenem Wasser bissfest garen, das restliche Kochwasser abtropfen lassen. Zwiebel und Knoblauch schälen und würfelig schneiden. Die Kräuter waschen und fein hacken. Alle Zutaten zu einem Teig verkneten, sollte er zu weich sein, noch etwas Maisstärke dazugeben. Mit nassen Händen Laibchen formen. In einer Bratpfanne das Öl erhitzen und die Laibchen einlegen. Nach dem Anbraten Hitze reduzieren und sie rundum knusprig braten. Warm stellen.

2. Das Rotkraut halbieren, den Strunk keilförmig herausschneiden und die Rotkrautblätter fein schneiden. In einem Sieb mit kaltem Wasser abbrausen und gut abtropfen lassen. Die Zwiebel schälen, in feine Ringe schneiden, die Äpfel grobblätterig schneiden. In einer großen Bratpfanne das Öl erhitzen und den Zucker darin hell anbräunen (nicht zu rühren vergessen). Die Zwiebelringe dazugeben, etwas anbraten und mit dem Essig ablöschen. Kraut, Kümmel, Salz und Apfelscheiben dazugeben und alles gut durchrühren. Die Hitze zurückschalten, den Deckel aufsetzen und das Kraut dünsten, bis es kernig weich geworden ist. Das Mehl darüber stäuben, alles durchrühren und mit so viel Wasser aufgießen, dass es leicht gebunden ist (Das Kraut darf nicht im Wasser schwimmen). Mit Zitronensaft und Rotwein verfeinern und nochmals mit Salz und Pfeffer abschmecken.

3. Besonders gut schmeckt das Kraut, wenn man Maroni in etwas Ahornsirup karamellisiert und untermengt.

100 ml Rotweinessig (Balsamico)
1 TL Kümmel
1 TL Salz
1 TL Mehl
1 Zitrone, Saft
100 ml Rotwein
Pfeffer
1 Pckg. Maroni, karamellisiert in 100 ml Ahornsirup (optional)

2-3 Äpfel (je nach Größe)
2 EL Kren, gerieben
40 g Mandeln
50 ml Apfelessig mit 2 EL Wasser verdünnt
1 TL Zucker
Salz

600 g Kartoffeln, mehlige Sorte
50 g hochwertige Margarine
150 ml Pflanzendrink
Salz

4. Für den Apfelkren 2-3 große Äpfel schälen, in große Spalten teilen und in einer backofenfesten Form im Backofen weich dünsten. Durch ein Sieb streichen und mit fein geriebenem Kren vermengen. Die Mandeln mit heißem Wasser überbrühen, die Haut abziehen und fein hacken. Unter den Apfelkren mengen. Zum Schluss mit gewässertem Essig, Zucker und Salz fein abschmecken.

5. Die Kartoffeln in leicht gesalzenem Wasser bissfest garen, schälen und durch die Kartoffelpresse drücken (man kann sie auch einfach mit einer Gabel zerdrücken). Mit der Margarine, dem heißen Pflanzendrink und Salz pürieren.

6. Die Dinkellaibchen mit dem Apfelkren, Rotkraut und Püree anrichten.

ALBERTINA

SCHNITZEL WIENER ART MIT KARTOFFELSALAT

Das Wiener Schnitzel ist knappe 5 mm dick. Wie beim Original werden die Sojachunks in Bröseln gewendet, dabei dürfen sie nicht festgedrückt werden, damit das Schnitzel nur locker von der Panier umhüllt ist.

DAUER: 45 Minuten

12 Stücke Sojachunks (je nach Größe weniger oder mehr)
Salz
3 Knoblauchzehen
3 EL Kichererbsenmehl in 200 ml Wasser
140 g Semmelbrösel
Rapsöl zum Frittieren
1 Zitrone, in Spalten geschnitten

1 kg Kartoffeln, festkochend
1/2 Bund Petersilie (oder Schnittlauch)
1 kleine Zwiebel
150 ml Apfelessig
150 ml Sonnenblumenöl
Salz
Pfeffer
eventuell etwas Wasser

1. Die Sojachunks nach Packungsanleitung vorbereiten. Flach drücken und mit etwas Salz einreiben. Den Knoblauch schälen, reiben und auf den Chunks verteilen.

2. Für die Panade ein Gemisch aus Kichererbsenmehl und Wasser zubereiten. Die Brösel auf einen weiteren Teller geben. Die Chunks durch das Kichererbsengemisch ziehen, dann in den Semmelbröseln wenden. Das Frittieröl erhitzen und die Schnitzel darin goldbraun braten.

3. Der Kartoffelsalat wird schon zuvor vorbereitet. Dafür die Kartoffeln in kaltem, gesalzenem Wasser zustellen und kochen, bis sie bissfest gegart sind. Mit kaltem Wasser abschrecken, schälen und auskühlen lassen. In Scheiben schneiden.

4. Kurz vor dem Herausbacken der Chunks die Petersilie waschen und fein hacken, die Zwiebel schälen und in Ringe oder Würfelchen schneiden. Aus Essig, Öl, Salz und Pfeffer eine Marinade zubereiten. Alles gut mit den Kartoffeln vermengen. Sollte der Salat zu scharf sein, mit etwas Wasser die Schärfe mildern.

5. Die Schnitzel mit den Zitronenscheiben und dem Kartoffelsalat servieren.

TIPP: Man kann zu dem Kartoffelsalat auch Vogerlsalat (Feldsalat) oder Rucola geben.

KAISERSCHMARRN MIT RHABARBERKOMPOTT

Der Name des „Kaiserschmarrns“ soll auf Kaiser Franz Joseph I. zurückgehen, der ihn sehr geschätzt hat.

DAUER: 45 Minuten

400 ml Pflanzendrink
60 ml Mineralwasser
240 g Weizenmehl
20 g Maisstärke
40 g Kichererbsenmehl
2 TL Weinsteinbackpulver
1 TL Bourbon Vanille
1 Prise Salz
2 EL Rapsöl für die Bratpfanne
2 EL Kristallzucker
Etwas Margarine für die Auflaufform
Puderzucker (optional)

300 g Rhabarber
1 l Wasser
75 ml Zitronensaft
70 g Zucker

1. Den Backofen auf 200° C Ober- Unterhitze vorheizen.
2. Den Pflanzendrink mit Wasser versprudeln. Mehl, Speisestärke, Kichererbsenmehl, Backpulver, Vanille und Salz sieben und gut in den Pflanzendrink einrühren.
3. Den Teig 10 Minuten ruhen lassen. 1 EL Öl in eine beschichtete Bratpfanne geben, erhitzen und die Hälfte des Teiges eingießen. Kurz anbacken lassen, die Hitze reduzieren und weiterbacken, bis die Oberfläche fest ist. Wenden und auch die andere Seite sanft anbräunen lassen. Mit zwei Gabeln in größere Stücke reißen, dann in eine am Boden befettete Auflaufform umfüllen. Mit der 2. Teighälfte ebenso verfahren. Mit Kristallzucker bestreuen und 10 Minuten im Backofen auf mittlerer Schiene unter häufigerem Umschaufeln fertig backen. Nach Belieben noch mit Puderzucker bestäuben.
4. Für das Rhabarberkompott vom Rhabarber die Haut abziehen, waschen und in mundgerechte Stücke schneiden. Wasser in einen Topf füllen und mit dem Rhabarber erhitzen. Den Zitronensaft untermengen und 10-15 Minuten köcheln lassen. Mit Zucker süßen.
5. Den Kaiserschmarrn mit dem Kompott servieren.

PRESSKNÖDEL MIT RÜBENKRAUT

Besonders auf den Vorarlberger Berghütten werden Pressknödel und Käspressknödel gern serviert.

DAUER: 45 Minuten

1 l klare Brühe (siehe S. 34)
1 Zwiebel
20 cm Lauch
2 EL Öl
200 g Semmelwürfel
3 EL Mehl
2 TL Maisstärke
1 TL Salz
1 Bund Petersilie
200 ml Pflanzendrink
4 EL Öl zum Anbraten

400 g saure Rüben
250 g Sojajoghurt
1 Bund Schnittlauch
Salz
Pfeffer

1. Die Gemüsebrühe nach Rezept zubereiten.

2. Die Zwiebel schälen und kleinwürfelig schneiden. Den Lauch ebenso schneiden. Das Öl in einer Bratpfanne erhitzen und beides darin goldgelb anrösten.

3. Die Hälfte der Semmelwürfel dazugeben und mitrösten lassen. Dann die zweite Hälfte in die Pfanne geben und anbraten. In eine Schüssel geben und mit Mehl, Maisstärke, Salz, gehackter Petersilie und dem Pflanzendrink zu einem Teig verkneten. Der Knödelteig sollte eine homogene, feuchte Masse bilden.

4. Mit feuchten Händen Laibchen formen und mit der Handfläche flacher drücken. In einer beschichteten Bratpfanne das Öl erhitzen und die Pressknödel beidseitig anbraten. Auf Küchenkrepp entfetten.

5. Die Pressknödel in der heißen Suppe ca. 10 Minuten ziehen lassen.

6. Die sauren Rüben mit Joghurt, gehacktem Schnittlauch, Salz und Pfeffer verrühren und zu den Pressknödeln servieren.

TIPP: Saure Rüben werden wie Sauerkraut, meist in Beuteln verpackt, angeboten.

KRAUTFLECKERLN
NUDELN MIT WEISSKOHL

Dieses Gericht stammt aus der böhmisch-österreichischen Küche und zählt zu gern gegessener Hausmannskost.

DAUER: 45 Minuten

300 g Mehl
1 TL Salz
2 EL Rapsöl
125 ml Wasser, lauwarm
500 g Weißkraut
1 Schalotte
2 EL Öl
1 EL Zucker
2 EL Weißweinessig
1 EL Kümmel, ganz
Salz
Pfeffer
Mehl für Arbeitsbrett
Paprikapulver optional

1. Für den Nudelteig das Mehl mit dem Salz versieben. Das Öl mit dem Wasser vermengen und mit dem Mehl rasch zu einem glatten Teig verkneten. Den Teig ein paar Mal auf das Arbeitsbrett schlagen, dann ca. 15 Minuten unter einem erwärmten Topf rasten lassen.
2. Das Backbrett mit Mehl bestreuen und den Teig dünn ausrollen. Mit einem Messer oder Teigradel „Fleckerln" schneiden.
3. In einem Topf leicht gesalzenes Wasser aufkochen lassen und die Nudeln darin al dente kochen. Mit kaltem Wasser kurz im Sieb abbrausen und abrinnen lassen.
4. Das Kraut halbieren, den Strunk herausschneiden und die Blätter feinnudelig schneiden. In einem Sieb mit kaltem Wasser abbrausen.
5. Die Schalotte schälen und fein würfeln. Das Öl in einer Bratpfanne erhitzen, den Zucker kurz darin bräunen und mit Essig ablöschen. Das Weißkraut einfüllen, mit Kümmel würzen und gut durchrühren. Unter Rühren anbraten, dann die Hitze reduzieren und das Kraut im eigenen Saft ca. 20 Minuten garen. Mit Salz und Pfeffer würzen und mit den Nudelfleckerln vermengen. Nach Belieben mit etwas Paprikapulver bestäuben.

TIPP: Schmeckt auch sehr gut, wenn die Fleckerln mal nicht selbst gemacht sind.

STEINPILZ-STERZ

STEINPILZ-POLENTA

DAUER: 60 Minuten

1 l klare Suppe (siehe S. 34)
300 g Maisgrieß
1 Handvoll Steinpilze, getrocknet
2 EL Olivenöl
1 kleiner Bund Thymian, frisch

1. Die Suppe in einem hohen Topf aufkochen.
2. Den Maisgrieß langsam, unter ständigem Rühren einfließen lassen. Mit dem Deckel leicht bedecken und die Temperatur auf die niedrigste Stufe reduzieren. Immer wieder mit einem Kochlöffel durchrühren und so ca. 20 Minuten ausdämpfen lassen.
3. Gleichzeitig die Steinpilze mit Wasser bedecken und 15 Minuten quellen lassen. Danach gut ausdrücken.
4. Das Olivenöl erhitzen und die Pilze darin leicht braten.
5. Die Pilze zum Sterz geben. Thymianblättchen abzupfen, untermengen und 4 Zweiglein zur Dekoration beiseite legen.

TIPP: Der Sterz schmeckt auch mit Eierschwammerln oder anderen frischen Pilzen sehr gut. Dafür 250 g frische Pilze säubern, schneiden und mit 4 Knoblauchzehen in 2 EL Olivenöl leicht anbraten.

SCHEITERHAUFEN

DAUER: 45 Minuten

125 g Baguette, vom Vortag
350 ml Mandeldrink
2 EL Apfelmus
1 EL Maisstärke
100 g Kristallzucker
1 TL Bourbon Vanille
300 g Apfel, säuerliche Sorte
1 unbehandelte Zitrone, Saft und Schale
100 g Rosinen
1 EL Zimt
60 g hochwertige Margarine
2 EL Mandelblättchen
Margarine für die Form

1. Den Backofen auf 200° C Ober- Unterhitze vorheizen. Eine Auflaufform mit etwas Margarine einfetten.

2. Das Baguette in 1 cm dicke Scheiben schneiden.

3. Den Mandeldrink mit Apfelmus, Maisstärke, 1 EL Zucker (von den 100 g abnehmen) und Vanille verquirlen. Die Brotscheiben mit der Hälfte dieses Gemisches in einer Schüssel übergießen. Die Hälfte der Weißbrotmasse in die Auflaufform einschlichten.

4. Die Äpfel blättrig schneiden, mit Zitronensaft und Schale, Rosinen, Zimt und dem restlichen Zucker gut vermischen und über den Brotscheiben einfüllen.

5. Die zweite Hälfte der Brotmasse darauf legen. Mit dem restlichen Mandeldrink-Gemisch übergießen. Margarineflöckchen darauf setzen und auf der 2. Schiene von unten ca. 30 Minuten backen. Ca. 10 Minuten vor Ende der Backzeit den Scheiterhaufen mit Mandelblättchen bestreuen.

6. Der Scheiterhaufen kann heiß und kalt serviert werden.

TIPP: Wichtig ist altbackenes Weißbrot, das sich gut mit dem Mandeldrink-Gemisch vollsaugen kann.

KOHLRABISCHNITZEL MIT VOGERLSALAT
KOHLRABISCHNITZEL MIT FELDSALAT

DAUER: 45 Minuten

3-4 Kohlrabi (je nach Größe)
2 EL Öl
etwas Salz
500 ml Bier, leicht erwärmt
20 g Hefe
1 TL Salz
1/2 TL Majoran, getrocknet
300 g Mehl
Pfeffer
Öl zum Frittieren

700 g Kartoffeln, festkochend
70 g Vogerlsalat
2 Knoblauchzehen
100 ml Apfelessig
100 ml Kürbiskernöl
2 TL Salz
Pfeffer

1. Den Backofen auf 200° C Ober- Unterhitze vorheizen.
2. Die Kohlrabi in ca. 0,5 cm dicke Scheiben schneiden und die Schale mit einem Messer abschälen. Die Scheiben mit Öl bestreichen und etwas salzen. Auf ein mit Backpapier ausgelegtes Backblech legen und 15 Minuten braten.
3. Das Bier mit Hefe, Salz, Majoran, Mehl und Pfeffer verquirlen und 20 Minuten ziehen lassen.
4. Die Kartoffeln bissfest kochen, auskühlen lassen und pellen.
5. Den Vogerlsalat putzen und waschen.
6. Die Knoblauchzehen schälen und fein hacken und mit Essig, Öl, Salz und Pfeffer zu einer Marinade verrühren. Die Kartoffeln in Scheiben schneiden, mit dem Vogerlsalat vermengen und mit der Marinade mischen.
7. Das Öl in einer Bratpfanne erhitzen, die Kohlrabischeiben durch den Backteig ziehen und knusprig backen. Auf Küchenkrepp entfetten.
8. Die Kohlrabischeiben mit dem Salat auf Tellern anrichten.

TIPP: Anstelle der Kohlrabischeiben kann man auch Zucchinischeiben nehmen.

KÄRNTNER KASNUDELN
GEFÜLLTE TEIGTASCHEN

Die Kärtner Kasnudeln gehören zur traditionellen Hausmannskost Kärntens und waren früher ein typisches Freitagsessen, da es ohne Fleisch ist.

DAUER: 1 h 30 Min
Ausstechform (Ø 6 cm)

600 g Weizenmehl
2 TL Salz
250 ml Wasser, lauwarm
4 EL Rapsöl
500 g Kartoffeln, mehlige Sorte
1 l Sojadrink
3 TL Apfelessig
3 TL Zitronensaft
150 g Lauch
1 Schalotte
1 Bund Petersilie
2 EL frische Pfefferminze (2 TL getrocknet)
1 EL frischer Kerbel (1 TL getrocknet)
Salz
Pfeffer
100 g hochwertige Margarine
1 Bund Schnittlauch
Mehl für Arbeitsbrett

1. Das Mehl mit dem Salz versieben. Das Wasser mit Öl vermischen und mit dem Mehl zu einem Teig kneten. Wenn nötig, noch 2-3 EL Wasser unterkneten. Der Teig sollte seidig glatt sein. Ca. 10 Mal auf das Arbeitsbrett schlagen, dann einen erwärmten Topf über den Teig stülpen. 20 Minuten ruhen lassen.
2. Für die Füllung die Kartoffeln kochen, pellen und durch die Kartoffelpresse drücken.
3. Den Sojadrink mit Essig und Zitronensaft aufkochen, gut rühren. Ein Sieb mit einem Tuch ausgelegen. Den geronnenen Sojadrink in das Tuch schütten. Die Tuchenden zusammennehmen und den gewonnenen „Bröseltopfen" gut ausdrücken. Den Lauch waschen und kleinstwürfelig schneiden, Schalotte schälen und sehr fein hacken, Petersilie, Pfefferminze und Kerbel fein schneiden. Kartoffeln, Bröseltopfen (Bröselquark), Lauch, Schalotte, Kräuter, Salz und Pfeffer zu einer homogenen Masse verkneten.
4. Auf einer gut bemehlten Arbeitsfläche den Teig 1-2 mm dünn ausrollen und mit einer Ausstechform Kreise ausstechen. Einen Teelöffel der Füllung abstechen und mittig auf den Kreis setzen. Die Kasnudel in die linke Hand nehmen und mit der rechten den Teig über die Füllung ziehen und mit den Fingerspitzen die Teigenden gut zusammendrücken.
5. Wasser mit 2 TL Salz in einem großen Topf erhitzen, einen Teil der Kasnudeln ins kochende Wasser gleiten und leicht wallend 10 Minuten ziehen lassen. Aus dem Wasser heben und warm stellen, bis alle Nudeln gekocht sind.
6. Die Margarine goldbraun aufschäumen lassen und über die Kasnudeln gießen. Mit gehacktem Schnittlauch servieren.

TIPP: Eine besondere Kunst ist das Krendeln der Kasnudel: Dafür wird der zusammengedrückte Teig, beginnend an einem Ende, am Rand ca. 5 mm eingeschlagen. Den Teig etwas hochziehen und überstülpen, dann das nächste Teigende hochziehen und so weiter verfahren bis zum Ende.

GERMKNÖDEL MIT MOHN UND ZUCKER

Die großen, halbkugelförmigen Klöße sind mit Powidl gefüllt und werden nach Wiener Art vor dem Servieren mit Mohn und Zucker bestreut und mit flüssiger, hochwertiger Margarine übergossen.

DAUER: 1 Stunde + Ruhezeit

400 g Weizenmehl
1 Pckg. Trockenhefe
1 Prise Salz
1 TL Zucker
100 ml Pflanzendrink, lauwarm
50 ml Wasser, lauwarm
4 EL Powidl (siehe S. 30)
50 g Mohn
50 g Zucker
80 g hochwertige Margarine

1. Das Mehl mit der Trockenhefe, dem Salz und Zucker gut mischen. Den Pflanzendrink mit Wasser vermengen und mit dem Mehl zu einem eher festen Teig verkneten. Notfalls mehr Mehl beimengen. Mit den Knethaken des Rührgeräts (oder Küchenmaschine) den Teig kneten, bis er seidig glatt ist. Zugedeckt an einem warmen Ort gehen lassen, bis sich der Teig verdoppelt hat.
2. Aus dem Teig mit einem Esslöffel 4 Stücke abstechen, diese mittig mit 1 Teelöffel Powidl füllen und zu Kugeln formen (Hände dafür etwas bemehlen). Mit der Naht nach unten auf einem bemehlten Tuch zugedeckt nochmals 30 Minuten gehen lassen.
3. In einem großen Topf mit Deckel Wasser aufkochen und die Knödel mit der Naht nach unten einlegen. Den Deckel aufsetzen, zuerst 5 Minuten leicht wallend köcheln, dann ca. 10-15 Minuten ziehen lassen. Auf vorgewärmten Tellern rasch anrichten, mit Mohn, Zucker und zerlassener Margarine vollenden.

TIPP: Wenn kein sehr großer Topf vorhanden ist, die Germknödel in zwei Töpfen kochen, da sie stark an Größe zulegen.

Gold
Kaffee

NACHSPEISEN

BAUERNKRAPFEN MIT PREISELBEERMARMELADE

Bauernkrapfen werden besonders bei Trachtenhochzeiten gerne als „Hochzeitskrapfen" serviert.

DAUER: 30 Minuten + Ruhezeit
ca. 10 Stück (je nach Größe)

500 g Mehl
1 TL Salz
1 Pckg. Trockenhefe
1 EL Zucker
1 TL Anis
3/16 l Sojadrink (oder anderen Pflanzendrink)
50 g Margarine, zerlassen
1 EL Rum
250 g Kokosfett zum Herausbacken
1 kleines Glas Preiselbeermarmelade
Staubzucker zum Besieben (optional)

1. Die trockenen Zutaten miteinander vermengen.
2. Den Sojadrink, Margarine und den Rum verrühren und mit den trockenen Zutaten zu einem Teig verkneten. Den Teig so lange kneten, bis er eine glatte Oberfläche hat. Zugedeckt an einem warmen Ort 1 Stunde gehen lassen.
3. Mit einem Esslöffel kleine Kugeln ausstechen und sie nacheinander auf einer bemehlten Arbeitsfläche ablegen. Mit beiden Händen jede Kugel rundum auseinanderziehen, wobei der Rand dicker bleiben soll als die Mitte.
4. Das Kokosfett in einer tiefen Bratpfanne erhitzen und die Krapfen schwimmend im Fett goldbraun backen. Herausheben und auf Küchenkrepp abtropfen lassen.
5. Mit je einem Esslöffel Preiselbeermarmelade anrichten.

KÄRNTNER REINDLING
NAPFKUCHEN

Der echte Kärtner Reindling wird in einer alten, runden Backform, dem „Reindl" (mundartlich für Kochtopf) gebacken.

DAUER: 30 Minuten
+ Ruhe u. Backzeit

500 g Weizenmehl
1/4 TL Salz
1 Pckg. Trockenhefe
230 ml Pflanzendrink
80 g hochwertige Margarine
50 g Zucker
1 TL unbehandelte Zitronenschale

Für die Füllung:
50 g hochwertige Margarine, geschmolzen
100 g Vollrohrzucker
100 g Walnüsse, gemahlen
230 g Rosinen
1 EL Zimt

Für die Form:
2 EL hochwertige Margarine, geschmolzen
4 EL Vollrohrzucker
Mehl für Arbeitsbrett

1. Das Mehl mit dem Salz und der Hefe in eine Schüssel sieben. Den Pflanzendrink leicht erwärmen und die Margarine darin schmelzen lassen. Das Gemisch mit dem Zucker und der Zitronenschale zum Mehl geben, alles gut vermengen und mit den Knethaken des Handrührgerätes kneten, bis sich der Teig vom Schüsselrand löst. Zugedeckt an einem warmen Ort 1 1/2 Stunden gehen lassen.
2. Den Backofen auf 180°C Ober- Unterhitze vorheizen. Eine Kuchenform („Guglhupfform") gut mit der geschmolzenen Margarine auspinseln und mit dem Zucker ausstreuen.
3. Den Teig nochmals durchkneten und dann auf einem mit Mehl bestreuten Arbeitsbrett zu einem Quadrat von ca. 2 cm Dicke ausrollen. Dieses mit geschmolzener Margarine bestreichen und anschließend mit Zucker bestreuen. Anschließend die Nüsse, die Rosinen und den Zimt gleichmäßig darauf verteilen.
4. Den Teig straff einrollen und in die Form legen. Optional mit wenig geschmolzener Margarine bestreichen und auf der 2. Schiene von unten auf dem Rost ca. 1 Stunde backen. Mit der Stäbchenprobe prüfen, ob er fertig ist. Dafür mit einem Holzstäbchen in den Kuchen stechen. Wenn das Stäbchen dabei trocken geblieben ist, ist der Kuchen gebacken. In der Form etwas auskühlen lassen, dann auf ein Kuchengitter stürzen.

VANILLECREMESCHNITTEN

Die Vanille gilt als „Königin der Gewürze".

DAUER: 60 Minuten
8 Stück

1 Pckg. Blätterteig, vegan
1 Pckg. Puddingpulver, Vanillegeschmack
500 ml Pflanzendrink
40 g Margarine
TL Agar-Agar + 1 EL Wasser
2-3 EL Puderzucker
2 Pckg. Vanillinzucker
100 ml Sojasahne, aufschlagbar
1 EL Sahnesteif
3 EL Marillenmarmelade (siehe S. 28)

Für die Glasur:
200 g Puderzucker, gesiebt
1-2 EL Zitronensaft
1-2 EL Wasser

1. Den Backofen auf 200° C Ober- Unterhitze vorheizen. Das Backblech mit Backpapier auslegen.
2. Den Blätterteig nach Anleitung behandeln und auf das Backblech legen. Mit einer Gabel in Abständen von 3 cm Löcher in den Teig pieksen und goldgelb backen.
3. Den Blätterteig in 3 Bahnen zu je 8 cm Breite schneiden, davon eine Bahn (oberste) mit der Unterseite nach oben legen. Alle Bahnen dünn mit erhitzter Marmelade bestreichen. Für die Creme den Pudding nach Anleitung, jedoch ohne Zucker, zubereiten. Die Margarine einrühren. Das Agar-Agar mit 1 EL Wasser verrühren und ebenfalls in den heißen Pudding gut einarbeiten. Auskühlen lassen. Den Zucker und Vanillinzucker gemeinsam mit der bereits mit Sahnesteif aufgeschlagenen Sahne unterziehen. Nochmals kühlen.
4. Für die Glasur den Puderzucker mit Zitronensaft und Wasser zu einer glatten, streichfähigen Masse verrühren und die oberste Bahn damit bestreichen. Trocknen lassen. Die Hälfte der Vanillecreme auf die erste Bahn streichen, die zweite Bahn darauf setzen und die zweite Hälfte der Creme darauf verteilen. Die oberste Schicht darauf legen und mit einem scharfen Messer in Stücke schneiden.

TIPP: Man kann aus dem Blätterteig auch Rollen formen. Dafür den Teig in 1 cm breite Bänder schneiden und diese über Schaumrollenformen wickeln (überlappend). Im Rohr goldgelb backen und mit der Creme füllen.

ISCHLER KRAPFERLN
ISCHLER PLÄTZCHEN

Das ursprüngliche Rezept stammt aus der oberösterreichischen Stadt Bad Ischl, wo schon Kaiser Franz-Joseph Urlaub machte.

DAUER: 60 Minuten
Ausstechform Ø 4,5 cm
Ca. 15 Stück

120 g Vollweizenmehl, fein gemahlen
1 Prise Salz
100 g hochwertige Margarine, sehr kalt
75 g Puderzucker
75 g Walnüsse, fein gemahlen
1/4 TL Zitronenschale
1/2 TL Bourbon Vanille
Mehl zum Ausrollen

Für die Creme:
150 g Cashewkerne (über Nacht in Wasser einweichen)
1 TL Puderzucker
1 TL Rum
1-2 EL Pflanzensahne
150 g Schokolade, 70 %

4 EL Marillenmarmelade (siehe S. 28) zum Bestreichen

Für die Glasur:
100 g Kuvertüre, zartbitter
20 g Kokosöl

ca. 15 halbe Walnusskerne zum Dekorieren

1. Das Mehl mit dem Salz auf ein Backbrett sieben. Die Margarine in kleinen Stückchen darauf verteilen. Die restlichen Zutaten darüber streuen und alles rasch zu einem Teig verkneten. Sollte er zu bröselig sein, 1-2 EL eiskaltes Wasser unterkneten. Wenn er zu klebrig ist, dann einfach etwas mehr Mehl einarbeiten.
2. Den Teig in Folie wickeln und mindestens 1 Stunde in den Kühlschrank geben.
3. Den Backofen auf 190° C Ober- Unterhitze vorheizen und das Backblech mit Backpapier auslegen.
4. Die eingeweichten Cashewkerne gut mit kaltem Wasser abspülen. Mit dem Stabmixer grob zerkleinern, Zucker, Rum und Pflanzensahne beifügen und so lange pürieren, bis die Masse glatt und cremig ist. Die Schokolade über einem Wasserbad schmelzen und mit der Cashewkernmasse verrühren. In den Kühlschrank geben und immer wieder durchrühren.
5. Den Teig auf einer bemehlten Arbeitsfläche ca. 4 mm dick ausrollen. Mit einer runden Form (Durchmesser ca. 4,5 cm) Plätzchen ausstechen, auf das Backblech setzen und ca. 10 Minuten auf mittlerer Schiene backen, bis sie hellgelb sind. Auf dem Blech etwas auskühlen lassen.
6. Die Marmelade erhitzen und die Oberfläche der Kekse dünn damit bestreichen. Die Kuvertüre über einem Wasserbad schmelzen, mit dem Kokosöl verrühren und die Plätzchen damit glasieren. Die Hälfte der Plätzchen mit einer Walnusshälfte dekorieren und trocknen lassen. Das Cashewmus in einen Dressiersack füllen und jeweils zwei Plätzchen mit der Creme zusammensetzen. Kühl aufbewahren bis zum Verzehr.

LINZER AUGEN

Linzer Augen, benannt nach der Stadt Linz, haben wahlweise ein Auge in der Mitte oder drei.

DAUER: 15 Minuten + Kühl- und Backzeit
Stückzahl je nach Größe der Ausstechform

200 g Pflanzenmargarine, sehr kalt
200 g Mehl
1 Prise Salz
100 g Staubzucker
100 g Mandeln, gerieben
1 Msp. Zimt
1 TL Zitronenschale, gerieben
½ TL Bourbon Vanille

100 g Marillenmarmelade zum Füllen (siehe S. 28)
Staubzucker zum Besieben

1. Die eiskalte Margarine in das Mehl schneiden und gut verbröseln.
2. Mit den übrigen Zutaten rasch zu einem glatten Teig verkneten. Notfalls noch etwas Wasser oder zusätzlich etwas Mehl unterkneten. Den Teig in Klarsichtfolie wickeln und 1 Stunde im Kühlschrank rasten lassen.
3. Das Backblech mit Backpapier auslegen und den Backofen auf 200°C Ober- Unterhitze vorheizen.
4. Den Teig auf einer bemehlten Arbeitsfläche ausrollen und runde Plätzchen ausstechen. Die Hälfte davon ohne „Augen" ausstechen.
5. Im Backofen auf mittlerer Schiene hellbraun backen und anschließend auskühlen lassen.
6. Die Marillenmarmelade unter Rühren in einem kleinen Kochtopf erwärmen und damit die Plätzchen ohne Augen bestreichen. Die Marmelade nicht ganz zum Rand hin verstreichen, da sie sonst beim Zusammensetzen der Plätzchen an den Rändern austritt.
7. Die Kekse mit den Augen mit Puderzucker bestäuben und vorsichtig auf die Marmeladenkekse darauf setzen.
8. Die Linzer Augen gut verschlossen in einer Dose trocken aufbewahren.

SCHOKOWÜRFEL NACH SACHER ART

Die originale Sachertorte ist wahrscheinlich die berühmteste Torte der Welt, einfach herrlich schokoladig!

DAUER: 30 Minuten + Backzeit

200 g hochwertige Margarine, weich
200 g Zucker
1/2 TL Bourbon Vanille
300 g Weizenmehl
1 Pckg. Backpulver
35 g Kakao
7 1 Prise Salz
200 ml Mandeldrink
200 ml kochendes Wasser
8 EL Marillenmarmelade (siehe S. 28)

Für die Glasur:
250 g Mandelcuisine
250 g Kuvertüre, zartbitter
20 g Kokosöl

1. Den Backofen auf 200°C Ober- Unterhitze vorheizen. Das Backblech mit Backpapier auslegen.
2. Die Margarine mit dem Zucker und der Vanille schaumig rühren. Das Mehl mit dem Backpulver, Kakao und Salz versieben und dazugeben. Zuerst den Mandeldrink und anschließend das heiße Wasser unterrühren (die Teigmasse darf weich sein).
3. Die Kuchenmasse auf dem Backblech verteilen und die Oberfläche glattstreichen.
4. Auf der 2. Schiene von unten 30 Min. backen und dann auskühlen lassen.
5. Die Marmelade unter Rühren erhitzen und die Oberfläche des Kuchens damit bestreichen. Die Kuchenplatte halbieren und so aufeinander setzen, dass wieder die Marmeladenseite oben ist.
6. Die Mandelcuisine erhitzen und die grob zerkleinerte Schokolade darin schmelzen lassen. Das Kokosöl unterrühren und alles zu einer glatten Masse verrühren.
7. Die flüssige Schokolade zügig über dem Kuchen verteilen, glattstreichen und fest werden lassen. In Würfel teilen und genießen.

TIPP: Mit frisch aufgeschlagener Sojasahne schmecken diese Schokowürfel am besten.

HOLLERSEKT
HOLUNDERSEKT

Für den Hollersekt verwendet man die weißen Blütenstände des Holunderstrauches.

DAUER: 30 Min. + Stehzeit
6 Flaschen

5 l Wasser, abgekocht
500 g Zucker
50 g Zitronensäure
1/16 l (ca. 60 ml) Weißweinessig
3 unbehandelte Zitronen, in Scheiben geschnitten
20 Holunderblüten

1. Das Wasser aufkochen lassen, vom Herd nehmen und in ein sauberes Gefäß füllen. Zucker, Zitronensäure und Essig einrühren und auflösen. Die Zitronenscheiben und Holunderblüten einrühren.
2. Mit einem Tuch abdecken und 4 Tage in die Sonne stellen.
3. Die Flaschen gut reinigen und mit kochend heißem Wasser ausspülen. Den Hollersaft abseihen und in die vorbereiteten Flaschen füllen. Mit Korken gut verschließen.
4. Nach 14 Tagen ist der Hollersekt trinkfertig.

ZWETSCHGENFLECK MIT STREUSEL
PFLAUMENBLECHKUCHEN MIT STREUSEL

Sehr gut eignet sich für diese Mehlspeise die aromatische Hauszwetschge, eine alte Sorte mit kleinen Früchten.

DAUER: ca. 1,5 Stunden
1 Backblech

250 ml Pflanzendrink
500 g Dinkelmehl
1 Prise Salz
1 Pckg. Trockenhefe
1 EL Zucker
1 TL Bourbon Vanille
1 TL Zitronenschale, fein gerieben
70 g Pflanzenmargarine, geschmolzen
1500 g Zwetschgen, entkernt und halbiert
Streusel:
100 g Pflanzenmargarine
120 g Vollrohrzucker
120 g Mehl
120 g Nüsse, gemahlen

Staubzucker zum Besieben (optional)

1. Das Backblech mit Backpapier belegen.
2. Alle Zutaten mit Ausnahme der Zwetschgen vermengen und zu einem mittelfesten Germteig verkneten. Zugedeckt an einem warmen Ort 30 Minuten gehen lassen.
3. Den Teig auf einer bemehlten Arbeitsfläche auf die Größe des Backblecks ausrollen und dann vorsichtig auf das Blech legen.
4. Den Backofen auf 200° C Ober- Unterhitze vorheizen.
5. Die halbierten Zwetschgen mit der Hautseite nach unten gleichmäßig auf dem Teig verteilen.
6. Für den Streusel alle Zutaten zu Krümel verreiben. Am besten gelingt das zwischen den Handflächen. Den Streusel dann gleichmäßig über den Zwetschgen verteilen.
7. Den Blechkuchen ca. 40 Minuten auf mittlerer Schiene backen.
8. Nach Geschmack mit Staubzucker besieben.

TIPP: Bei gefrorenen Früchten erhöht sich die Backzeit.

HEISSE FRÜCHTE MIT JOGHURT

Ein herrliches Sommerdessert für Liebhaber von fruchtigen Köstlichkeiten.

DAUER: 30 Minuten + Kühlzeit

500 g Pflanzenjoghurt, Vanillegeschmack
2 Vanilleschoten, Mark und Schoten
300 g Marillen (Aprikosen)
300 g Kirschen
100 g Vollrohrzucker
50 g Ahornsirup
50 ml Zitronensaft

1. Den Joghurt in einen Gefrierbehälter geben und für 2 Stunden in den Tiefkühlschrank stellen.
2. Die Vanilleschoten längs teilen und das Mark auskratzen. Die Marillen entkernen, teilweise halbieren und vierteln. 100 g der Kirschen entsteinen und entstielen.
3. In einer Bratpfanne Zucker, Vanillemark, Ahornsirup und Zitronensaft mischen und unter ständigem Rühren aufkochen lassen. Die entsteinten Kirschen einrühren und mit der Gabel zerdrücken, die Marillen und restlichen Kirschen dazugeben, ebenso die längsgeteilten Vanilleschoten. Alles gut im Sirup schwenken. Sobald die Marillen weich werden, die Früchte samt Sirup auf vier Tellern anrichten. Mit den Vanilleschoten dekorieren. Den halbgefrorenen Joghurt etwas aufschlagen und mit den Früchten servieren.

TIPP: Die Früchte können nach Lust und Laune variiert und kombiniert werden.

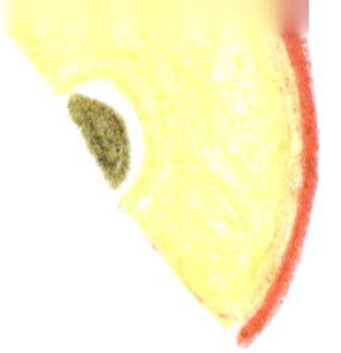

APFELSTRUDEL

Diese traditionelle Mehlspeise zählt zu den Nationalgerichten Österreichs, schon zu Zeiten der ehemaligen Donaumonarchie.

DAUER: 45 Minuten
+ Zeit zum Backen

250 g Weizenmehl
ca. 125 ml Wasser, lauwarm
1 EL Rapsöl
1/2 TL Salz

Für die Füllung:
750 g Äpfel, säuerlich
50 g hochwertige Margarine
180 g Semmelbrösel
100 g Zucker
1-2 TL Zimt
1 Handvoll Rosinen, optional
Geschmolzene Margarine zum Bestreichen
Mehl für Arbeitsbrett

1. Das Mehl auf ein Arbeitsbrett sieben. Das Wasser mit dem Öl und Salz vermengen und rasch mit dem Mehl verkneten. Den Teig mit dem Handballen so lange kneten, bis er sich glatt und seidig anfühlt. Den Teig 5-6 Mal ordentlich fest auf das Brett werfen. Einen kleinen Topf erwärmen und über den Teig stülpen.
2. Den Backofen auf 180°C Ober- Unterhitze vorheizen und das Backblech mit Backpapier belegen.
3. Für die Füllung die Äpfel waschen, eventuell schälen und auf einer Gemüseraspel grob schneiden (man kann sie natürlich auch mit einem Messer in ganz feine Scheiben schneiden). Die Margarine schmelzen und die Semmelbrösel darin unter Rühren anrösten. Mit Zucker, Zimt und den Rosinen vermengen. Auskühlen lassen.
4. Den Teig auf dem bemehlten Arbeitsbrett sehr dünn ausrollen und anschließend auf ein sauberes Geschirrtuch ziehen. Gut die Hälfte des Teiges zuerst mit der Bröselmischung, dann mit den Äpfeln gleichmäßig belegen. An beiden Rändern zum Einschlagen etwas Platz frei lassen. Den Teig an den seitlichen Rändern über die Füllung geben, dann mithilfe des Tuchs zu einer Rolle formen. Dabei rollt man den Strudel von oben nach unten ein. Den Strudel ganz vorsichtig auf das Backblech übertragen und mit etwas geschmolzener Margarine bestreichen.
5. Auf mittlerer Schiene ca. 30-40 Minuten backen, die Oberfläche sollte goldbraun und knusprig sein.

TIPP: Meine Oma meinte immer, der Teig sei dann genau richtig dünn ausgerollt, wenn man eine darunterliegende Zeitung gut lesen könnte.

STRAUBEN

Strauben zählen zu den beliebtesten Süßspeisen Südtirols und werden auf Kirchtagen und Dorffesten frisch zubereitet.

DAUER: 20 Minuten
7-8 Stück
Pfannendurchmesser ca. 18 cm
1 Flaschentrichter

130 g Mehl
50 g Kichererbsenmehl
1 Prise Salz
1 TL Zucker
250 ml Sprudelwasser
1 TL Schnaps
250 ml Rapsöl
Staubzucker zum Bestäuben

1. Das Mehl, Kichererbsenmehl, Salz und den Zucker vermengen und mit dem Sprudelwasser und Schnaps zu einem Teig verrühren. Sollte dieser zu dickflüssig sein, noch etwas Sprudelwasser dazugeben.
2. Das Rapsöl erhitzen. Den Teig spiralförmig, von der Mitte ausgehend, durch den Trichter in das heiße Öl einfließen lassen, bis der Boden der Pfanne ausgefüllt ist. Man kann auch ein Gitter Spritzen, was etwas einfacher ist. Den Trichter mit einem Finger verschließen (es bleibt meist Teig im Trichter) und dann in einer Tasse abstellen . Die Temperatur etwas zurückschalten.
3. Ist die Unterseite der Straube goldbraun, wird sie mit einem Wender umgedreht und fertig gebacken. Zum Entfetten auf Küchenkrepp legen.
4. Etwas Rapsöl in die Pfanne gießen und mit dem restlichen Teig ebenso verfahren.
5. Mit Staubzucker bestäuben.

TIPP: Wenn man den Zucker weglässt, schmecken Strauben auch sehr gut zu Sauerkraut.

MOZARTPRALINEN

Mit ihren Zutaten ähneln sie den Mozart-Kugeln, einer Spezialität aus Salzburg.

DAUER: 30 Minuten
+ Kühlzeit
40 Stück
Ca. 40 Hülsen oder Manschetten

60 g Nougat
200 g Rohmarzipan
100 g Puderzucker
400 g Pistazienkerne, fein gemahlen
2 EL Cointreau
100 g Schokolade 70 %
gehackte Pistazien für Dekor (optional)

1. Aus dem Nougat 40 kleine Kugeln formen und für 10 Minuten in den Kühlschrank stellen.
2. Das Rohmarzipan mit dem Zucker, den Pistazien und dem Cointreau gut verkneten. Das Marzipan in 40 gleichgroße Stücke teilen. Jedes Stück mittig mit einer Nougatkugel belegen und mit der Marzipanummantelung zu einer Kugel formen.
3. Die Schokolade über einem Wasserbad schmelzen, jede Marzipankugel mit einem Zahnstocher aufspießen und in der warmen Schokolade so lange drehen, bis sie rundum damit bedeckt ist.
4. Die Kugeln zum Trocknen mit dem Zahnstocher in einen Trockenschwamm stecken und nach Belieben mit den gehackten Pistazien verzieren. In kleine Hülsen geben und kühl aufbewahren.

REISKOCH MIT MARINIERTEN ERDBEEREN

DAUER: 30 Minuten + Kühlzeit

250 g Erdbeeren
1 EL Zucker
1 EL Orangenlikör (Limoncello oder Rum)
60 g Rundkornreis
500 ml Wasser
250 ml Reisdrink
1 Prise Salz
1/2 TL Bourbon Vanille
1 TL Orangenschale
2 TL Agar-Agar
2 EL Wein oder Apfelsaft
25 g Puderzucker
125 ml Sojasahne, aufschlagbar
1 EL Sahnesteif
Minzblättchen und Erdbeeren für Dekor

1. Zuerst die Erdbeeren waschen, in kleine Stücke schneiden und mit Zucker und Likör mischen. Ziehen lassen, bis der Reis fertig ist.
2. Den Reis mit kochendem Wasser übergießen, ca. 5 Minuten ziehen lassen und gut abseihen. Den Reisdrink mit Salz, Vanille und Orangenschale aufkochen. Den Reis dazugeben, die Temperatur zurückschalten und langsam köcheln lassen, bis der Reis weich ist.
3. Das Agar-Agar in Wein oder Saft auflösen, mit dem Zucker verrühren und gut unter den heißen Reis mengen. Etwas auskühlen lassen, dann die mit Sahnesteif aufgeschlagene Sojasahne unterheben.
4. Zuletzt mit den marinierten Erdbeeren vermengen. Kleine Dessertschälchen mit kaltem Wasser ausspülen, den Reis einfüllen, mit einem Löffel gut in die Form drücken und ca. 5 Std. kaltstellen.
5. Stürzen und mit Minze und Erdbeeren dekorieren.

TIPP: Rundkornreis eignet sich am besten für dieses Rezept, da er eine leicht cremige Konsistenz nach dem Kochen bekommt.

WIENER EISKAFFEE

Diese Kaffeespezialität ist ein Klassiker in den Wiener Eissalons.

DAUER: 30 Min. + Kühlzeit

40 g Maisstärke
150 ml starken Kaffee
60 g Zucker
300 ml Sojadrink (Mandeldrink)
1 TL Bourbon Vanille
250 ml Sojasahne, aufschlagbar
1 Pckg. Sahnesteif

1. Die Maisstärke mit dem kaltem Kaffee und dem Zucker gut verrühren. Den Sojadrink und die Vanille vermengen und zum Kochen bringen. Die Kaffeemischung mit einem Schneebesen einrühren und unter ständigem Rühren köcheln lassen, bis sie eindickt. Abkühlen lassen, zwischendurch immer wieder mit dem Handrührgerät schaumig schlagen.
2. Die Kaffeemasse in eine gefrierfeste Schüssel füllen und für 1 Stunde ins Gefrierfach stellen. Die Sahne mit Sahnesteif aufschlagen. Für die Dekoration 2 EL davon abnehmen. Den Rest gut mit dem Halbgefrorenem vermengen und für weitere 3 Stunden ins Gefrierfach geben.
3. Nochmals die halbgefrorene Masse mit dem Handrührgerät cremig aufschlagen, in Gläser füllen und mit der restlichen Sahne dekorieren.

BÖHMISCHER APFELKUCHEN

DAUER: 30 Minuten + Backzeit
Tortenform Ø 24 cm

1 kg Äpfel, säuerliche Sorte
1 unbehandelte Zitrone, Saft und Schale
1 TL Zimt, gemahlen
1/4 TL Nelkengewürz, gemahlen
1 TL Bourbon Vanille
150 g Dinkelmehl
1/2 Pckg. Backpulver
150 g Zucker
100 g Nüsse, fein gehackt nach Wahl
150 g Grieß
100 g hochwertige Margarine
Margarine oder Öl für die Form
Staubzucker zum Besieben

1. Die Äpfel schälen, grob raspeln, mit Zitronenschale, Saft und Gewürzen vermengen. Das Mehl mit dem Backpulver versieben, mit Zucker, Nüssen und Grieß verbröseln, sodass eine Art Streusel entsteht.
2. Den Backofen auf 180° C Ober- Unterhitze vorheizen, die Backform gut mit Margarine oder Öl ausstreichen.
3. Ein Drittel des „Streusels" in die Form füllen und mit der Hälfte der Apfelfüllung belegen. Die Margarine schmelzen lassen. Ungefähr ein Drittel davon über die Masse tropfen. Zweites Drittel des „Streusels" einfüllen und mit der zweiten Hälfte der Apfelfüllung belegen. Wieder mit einem weiteren Drittel der Margarine beträufeln. Den restlichen „Streusel" darauf geben und die restliche Margarine gleichmäßig darüber verteilen. Auf der 2. Schiene von unten 1 Stunde backen. Nach dem Herausnehmen sofort in Stücke schneiden. Dieser Apfelkuchen kann warm und kalt genossen werden.

TIPP: Die Apfelsorten Boskop und Topaz eignen sich besonders gut für dieses Rezept.

WACHAUER WÄSCHERMÄDELN

Eine „echte" Wachauer Marille hat eine pralle Form, ist sehr saftig und aromatisch. Sie zählt zu einer der alten Sorten, die seit 100 Jahren von ca. 200 Wachauer Marillenbauern dort angepflanzt werden.

DAUER: ca. 30 Min.
4 Holzstäbchen (à 15 cm)

4 kleine Marillen
4 Mandeln
30 g Rohmarzipan
1 TL Marillenschnaps
1 EL Vanillepuddingpulver (optional Maisstärke)
70 g Mehl
20 g Kichererbsenmehl
1 Prise Salz
1 EL Zucker
100 ml Minerlawasser
Frittieröl zum Herausbacken
1 EL Staubzucker zum Besieben

1. Marillen entkernen und an die Stelle des Kerns eine Mandel geben. Rohmarzipan mit Schnaps verkneten und damit die gefüllten Marillen ummanteln, sodass 4 kleine Kugeln entstehen.
2. Mehle mit Salz und Zucker vermengen und mit dem Mineralwasser zu einem dickeren Ausbackteig verrühren.
3. Frittieröl in einem kleinen, hohen Topf erhitzen. Marillen in Puddingpulver rollen, dass sie rundum damit bestäubt sind. Je ein Holzstäbchen mittig durch die Marille stecken.
4. Diese mit Hilfe des Stäbchens durch den Teig ziehen und ins heiße Öl tauchen. Die Temperatur verringern. Mit dem Stäbchen wenden, bis der Teig rundum goldbraun gebacken ist. Auf Küchenkrepp abtropfen lassen.
5. Mit Puderzucker bestäuben.

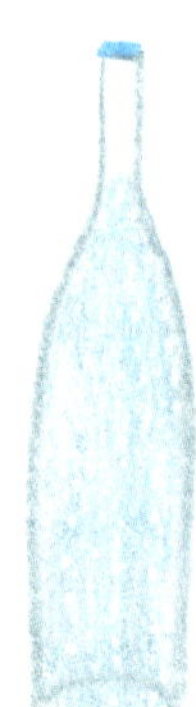

APFELKÜCHLEIN MIT VANILLEEIS

Schmecken auch als Hauptgericht sehr lecker. Dafür die Zutaten einfach verdoppeln.

DAUER: 30 Minuten
16 Stück

4 kleine Äpfel
250 ml Mandeldrink
200 g Mehl
2 EL Apfelmus
1 Prise Salz
1/2 TL Bourbon Vanille
Rapsöl zum Frittieren
4 Kugeln Vanilleeis, vegan
Himbeeren
Minzblätter (optional)

1. Die Äpfel schälen und das Kerngehäuse ausstechen. Jeden Apfel in ca. 4 Ringe teilen.
2. Den Mandeldrink mit Mehl, Apfelmus, Salz und Vanille gut verquirlen. 10 Minuten stehen lassen. Das Rapsöl ca. 1 cm hoch in eine Bratpfanne gießen und erhitzen.
3. Die Apfelringe in den Teig tauchen und im heißen Öl knusprig goldgelb backen. Auf Küchenkrepp entfetten. Auf Tellern mit Vanilleeis anrichten, mit Himbeeren und Minzblättern garnieren und nach Belieben mit Puderzucker bestäuben.

MOHN- UND NUSSSTRUDEL

Vom Mohn gibt es weltweit bis zu 120 verschiedene Arten. Die ölhaltigen Samen sind schwarz, braun, weiß oder dunkelgrau. Für Süßspeisen wird der Samen des Schlafmohns verwendet.

DAUER: 45 Minuten + Ruhe und Backzeit

500 g Weizenmehl
1 Pckg. Trockenhefe
½ TL Salz
2 EL Zucker
200 ml Pflanzendrink
50 ml Pflanzencuisine
80 g hochwertige Margarine
1 TL Bourbon Vanille
1 TL Zitronenschale

Für die Mohnfüllung:
150 ml Pflanzendrink
200 g Mohn, gemahlen
2 EL Zucker
1 EL Rum
1 TL Zimt
1 Msp. Bourbon Vanille

Für die Nussfüllung:
150 ml Mandeldrink
200 g Haselnüsse, gemahlen
70 g Rosinen
2 EL Zucker
1 EL Rum
1 TL Zimt
1 Msp. Bourbon Vanille
1 TL Zitronenschale

Zum Bestreichen:
50 ml Pflanzencuisine
Mehl für Arbeitsfläche

1. Das Mehl mit der Trockenhefe und dem Salz versieben. Den Pflanzendrink erwärmen und die Margarine darin schmelzen lassen. Zucker, Vanille, Zitronenschale und Pflanzencuisine einrühren. Die Pflanzendrink-Mischung zum Mehl geben, verrühren und mit den Knethaken des Handrührgeräts ca. 10 Minuten kneten. Nochmals gut durchkneten und mit einem Tuch bedecken. An einem warmen Ort gehen lassen, bis sich der Teig verdoppelt hat (mindestens 1 Stunde).
2. In der Zwischenzeit die Füllungen zubereiten. Den Pflanzendrink erhitzen, den Mohn einrühren, vom Herd ziehen und mit den restlichen Zutaten vermengen. Für die Nussfüllung den Mohn durch die Nüsse ersetzen.
3. Den Backofen auf 180° C Ober- Unterhitze vorheizen und das Backblech mit Backpapier belegen.
4. Den Teig nochmals durchkneten und halbieren. Auf einer gut bemehlten Arbeitsfläche die erste Teighälfte zu einem Rechteck ausrollen und mit der Mohnfüllung bestreichen, seitlich einschlagen und aufrollen. Auf das Backblech legen. Mit der 2. Teighälfte ebenso verfahren. Beide Strudel mit Pflanzencuisine bestreichen und auf der 2. Schiene von unten ca. 45 Minuten backen.

TIPP: Sehr bekannt sind auch Potizen. Diese unterscheiden sich vom Strudel durch ihre Form. Man rollt sie von beiden Seiten zur Mitte hin auf.

APFEL IM SCHLAFROCK

Der Name dieser köstlichen Nachspeise kommt von der Teigummantellung der Äpfel.

DAUER: 15 Minuten + Backzeit

4 kleine, eher säuerliche Äpfel
50 g Haselnüsse, gemahlen
1 EL Preiselbeermarmelade
1 TL Agavensirup
1 TL Rum (optional)
1 Pckg. Blätterteig, vegan
8 Gewürznelken, ganz
Staubzucker zum Besieben

1. Das Kerngehäuse vorsichtig rund ausschneiden oder mit dem entsprechenden Küchenwerkzeug ausstechen.
2. Haselnüsse, Preiselbeermarmelade, Sirup und Rum miteinander verrühren.
3. Den Backofen auf 200°C Ober- Unterhitze vorheizen und das Backblech mit Backpapier auslegen.
4. Die Äpfel mit dem Haselnussgemisch füllen.
5. Den Blätterteig vorsichtig auseinander falten und 4 Quadrate à 20 cm x 20 cm zuschneiden. Auf jedes Quadrat mittig einen gefüllten Apfel setzen, die vier Teigecken darüber schlagen und mit je 2 Gewürznelken verschließen.
6. Die Apfelpäckchen auf das Backblech setzen und auf mittlerer Schiene so lange backen lassen, bis der Teig eine goldbraune Färbung annimmt.
7. Mit Staubzucker besieben.

TIPP: Äpfel mit sehr festem Fruchtfleisch zuerst füllen, anschließend auf dem mit Backpapier ausgelegtem Blech bei 200°C ca. 5 Minuten vorbraten.

KÜMMEL-ANISSCHNAPS

Selbstgemachte Hausmittel findet man in vielen österreichischen Haushalten. Sowohl Anis als auch Kümmel zählen zu den ältesten Gewürz- und Heilpflanzen. Nach einem deftigeren Essen ist dieser Schnaps daher sehr zu empfehlen.

DAUER: 15 Minuten + Stehzeit
1 Flasche à 1 Liter

125 ml Wasser
200 g Zucker
7 g Anis, ganz
7 g Kümmel, ganz
750 ml Kornbrand, 38 %

1. Das Wasser mit dem Zucker aufkochen, 5 Minuten köcheln lassen und abkühlen.
2. Den Anis und Kümmel einrühren, ebenso den Kornbrand.
3. In eine saubere Flasche füllen, verschließen und bei Zimmertemperatur 6 Wochen ziehen lassen.
4. Das Gemisch durch einen Filter gießen, wieder in die gereinigte Flasche füllen und nochmals 3 Wochen stehen lassen.

TIPP: Sehr sparsam genießen, da der Alkoholgehalt sehr hoch ist.

DANK

Vielen lieben Dank für die Inspiration, das Wissen, die Unterstützung und die Zusammenarbeit an: meine Mama, Lienzer-Oma und Thaler-Oma, Arni, Henriette, Clara und Anneliese.

In lieber Erinnerung an Onkel Toni.

REGISTER

F

G

H

I

J

K

L

M

IMPRESSUM

Erschienen im NeunZehn Verlag
Ein Imprint der
Adrian & Wimmelbuchverlag GmbH
Friedrichstraße 126
10117 Berlin

www.neunzehn-verlag.de

ISBN: 978-3-942491-488
Printed 2021 in EU
2. Auflage

Fotografie & Fooddesign: all images © Arnold Pöschl
www.arnoldpoeschl.com
Foto von Arnold Pöschl © Maria Anna Pöschl

Illustration: all illustrations © Henriette Artz
www.yetiartz.de

Rezepte & Texte: Kristina Unterweger

Satz: Clara Gilod
www.claragilod.com
Julia Groier-Bleiweis
www.graphicjulez.at